Roberto Morozzo della Rocca

CORRIDOI UMANITARI

Una risposta a una crisi planetaria

SAN PAOLO

Piazza Soncino, 5 - 20092 Cinisello Balsamo (Milano)
www.edizionisanpaolo.it
Distribuzione: Diffusione San Paolo s.r.l.
Piazza Soncino, 5 - 20092 Cinisello Balsamo (Milano)

ISBN 978-88-922-4110-7

INTRODUZIONE

I corridoi umanitari sono uno strumento di ingresso legale in Europa offerto a persone vulnerabili, in fuga da guerre, persecuzioni, fame. Salvano soprattutto famiglie con bambini, soggetti con disabilità, donne sole, anziani, malati.

Di corridoi umanitari si parla spesso, in Italia e in Europa. Rappresentano una grande speranza malgrado la sproporzione numerica tra i beneficiari e quanti languono in lunghi esodi tra mari, montagne, deserti. Non sono un lasciapassare per chiunque, si rivolgono a persone bisognose di protezione internazionale. Ma poiché debolezza e patimento sono la realtà di pressoché tutti i profughi e i migranti, i corridoi hanno un significato universale. Un po' come la Croce Rossa. I loro promotori sono sommersi di richieste, appelli, suppliche. In un mondo cinico, l'umanitario suscita aspettative immense. Promossi dalla società civile con l'appoggio dello Stato, i corridoi sottraggono persone sradicate ai trafficanti delle rotte illegali, ai barconi di fortuna delle traversate mediterranee, alle violenze delle rotte balcaniche, ai soprusi dei paesi canaglia, ai rovinosi rimpatri forzati.

Nella forma sperimentata soprattutto in Italia, i corridoi umanitari hanno la caratteristica d'integrare efficacemente i beneficiari nelle comunità locali d'approdo, in un processo di patrocinio e di autofinanziamento focalizzato sulla società civile. Un loro modello è delineato. Fa riferimento alla libera iniziativa privata, alla scelta dei beneficiari connessa a una sponsorship, alla leale collaborazione con gli Stati nelle procedure di sicurezza e nella valorizzazione degli strumenti offerti dal diritto[1].

I corridoi vengono realizzati sulla base di Protocolli d'intesa con i governi, e non potrebbe essere diversamente: riguardano la sovranità delle nazioni, hanno ricadute pubbliche, sono giuridicamente complessi.

[1] Nel volgere di pochi anni, la letteratura sui corridoi umanitari si è fatta consistente. Senza pretesa di esaustività si possono citare: P. Naso, *Migrazioni 2.0*, "Limes", 6, 2015, pp. 149-155; M. Impagliazzo, *Le vie dell'integrazione "latina"*, "Limes", 7, 2016, pp. 127-137; M. Impagliazzo, *I corridoi umanitari: una buona pratica che può diventare modello*, "Atlantide", 2, 2016, pp. 35-38; L. Colmayer, M. Signorini, *I corridoi umanitari, possibile alternativa di ingresso legale in Italia*, "Immigrazione.it", 281, 1° febbraio 2017; M. Sossai, *Canali di ingresso legale e sicuro dei migranti in Europa: il modello dei «corridoi umanitari»*, in *Vergogna ed esclusione. L'Europa di fronte alla sfida dell'emigrazione*, a cura di U. Curi, Castelvecchi, Roma 2017; G. Sangiorgi, *La via italiana dei "corridoi umanitari"*, "libertàcivili", 1, 17, 2017, pp. 45-50; P. Morozzo della Rocca, *I due protocolli d'intesa sui "corridoi umanitari" tra alcuni enti di ispirazione religiosa e il governo e il loro possibile impatto sulle politiche di asilo e di immigrazione*, "Diritto, immigrazione e cittadinanza", 1, 2017, pp. 1-31; F. Rolando, *Humanitarian corridors to Italy: an interview with professor Paolo Naso*, "Harvard International Review", vol. 39, 2, 2018, pp. 64-67; C. Ricci, *Ammissione di stranieri sul territorio nazionale attraverso corridoi umanitari con sponsor privati*, "Rendiconti", Istituto Lombardo, Classe di lettere e Scienze, vol. 152, 2018, pp. 183-194; M. Impagliazzo, *I corridoi umanitari. Una via legale e sicura per l'Europa*, in *Il confine mediterraneo. L'Europa di fronte agli sbarchi dei migranti*, a cura di V. De Cesaris ed E. Diodato, Carocci, Roma 2018, pp. 175-184; M. Marazziti, *Porte aperte. Viaggio nell'Italia che non ha paura*, Piemme, Milano 2019; P. Naso, *I corridoi umanitari, una risposta costruttiva alle migrazioni*, "Aggiornamenti sociali", 12, 2019, pp. 829-838; C. Ricci, *The Necessity for Alternative Legal Pathways: The Best Practice of Humanitarian Corridors Opened by Private Sponsors in Italy*, "German Law Journal", 21, 2, February 2020, pp. 265-283; Rivista Confronti e Centro Studi IDOS, *Corridoi umanitari, una pratica replicabile*, luglio 2020 (online); F.L. Gatta, *I visti umanitari tra l'immobilismo dell'Unione Europea, l'attesa per Strasburgo e l'esempio (da replicare) dell'Italia*, "Rivista di diritti comparati", 2, 2020, pp. 152-176; *K. Bianchini, Humanitarian Admission to Italy through Humanitarian Visas and Corridors*, in M.-C. Foblets, L. Leboeuf (eds.), *Humanitarian Admission to Europe: The Law between Promises and Constraints*, Nomos Verlagsgesellschaft, Baden-Baden 2021, pp. 155-198. Fra le tesi accademiche sui corridoi umanitari si segnalano S. Trotta, *Safe and Legal Passages to Europe: A Case Study of Faith-Based Humanitarian Corridors to Italy*, UCL Migration Research Unit, Working Papers No. 2017/5, University College London, London 2017; C. Barone, *The Humanitarian Corridors of the Community of Sant'Egidio: A possible solution to unsafe immigration*, LUISS, Roma, A.A. 2017-2018; G. Marino, *I corridoi umanitari. Le private sponsorship per un'accoglienza possibile*, Ed. Università Ca' Foscari, Venezia 2019.

Quale impatto hanno i corridoi? Per questa via sono giunte in Europa, dal 2016 al 2021, 4.880 persone classificate come vulnerabili, i cui diritti umani erano violati o stavano per esserlo. Poche o molte? Dipende dai punti di vista. Altri schemi di ammissione umanitaria legale in Europa (i cosiddetti *resettlement* o reinsediamenti) contabilizzano numeri al cui confronto quelli dei corridoi non sfigurano. Se la Francia, tra 2016 e 2021, opera ammissioni umanitarie per 15.725 persone e la Germania per 14.030, la Spagna ne totalizza 2695, l'Irlanda 1.950, il Portogallo 810, l'Austria 580, la Danimarca 345, per non dire che la Croazia ne totalizza 250, la Slovenia 35, e Cipro, Polonia, Repubblica Ceca e Ungheria nessuno[2]. In Italia, lo schema di ammissione umanitaria di persone bisognose di protezione internazionale che totalizza il maggior numero di arrivi è dato dai corridoi.

Certo, a fronte del bisogno umanitario globale le cifre dei corridoi esprimono una tiepida mitigazione di un'enorme tragedia. Nel 2022 le "persone in fuga nel mondo", secondo l'agenzia delle Nazioni Unite per i rifugiati, sono oltre 102 milioni[3], cui aggiungere un più folto popolo di migranti privi dei requisiti giuridici per essere riconosciuti rifugiati eppure non meno sofferenti, rispetto ai rifugiati istituzionalmente riconosciuti, quanto a diritti umani abusati, a sradicamento esistenziale, a fragilità. Tuttavia, i corridoi sono emblematici. Avviano processi. Sono segno di chance in un mondo pervaso da indifferenza e rassegnazione. E comunque salvano vite.

[2] Cfr. Eurostat, *Resettled persons – annual data* (https://ec.europa.eu/eurostat/databrowser/view/tps00195/default/table?lang=en).

[3] Cfr. UNHCR, *Global Appeal 2022* Update https://reporting.unhcr.org/globalappeal2022/.

In qualche paladino di malinteso statalismo, i corridoi suscitano perplessità. Realizzati dalla società civile, supplirebbero alle inadempienze dei governi, mentre sarebbe bene che gli Stati fossero messi davanti alle loro responsabilità. Giustificherebbero, i corridoi, l'inazione pubblica nell'affrontare le urgenze umanitarie. E sarebbero un alibi per governi allineati sul concetto di "fortezza Europa", decisi a mantenere ordinamenti legislativi avversi a immigrati e profughi.

Ora, i corridoi non intendono affatto sollevare gli Stati dalle loro incombenze. Di regola, i governi assumono internazionalmente impegni di reinsediamento di profughi che vanno rispettati a prescindere dall'esistenza o meno di altre forme di ammissione umanitaria. I corridoi sono addizionali ai reinsediamenti operati dagli Stati, non sostitutivi. Inoltre, è difficile immaginare che i governi europei, qualora i corridoi venissero meno, rivoluzionino le loro politiche aprendo le frontiere. I corridoi, la cui esilità numerica è relativa, visto che sono molto del poco che si fa, rappresentano un protagonismo positivo della società civile che a sue spese li promuove. Gli ordinamenti giuridici cambiano se cambiano le culture. E mobilitazioni della società civile come quelle dei corridoi, che muovono decine di migliaia di persone nell'ospitare e integrare, cambiano le culture. I corridoi umanitari possono influire sulla mentalità.

Un esempio viene dal Canada, che da quasi mezzo secolo prevede un'immigrazione fondata sulla sponsorship da parte della società civile. In questo paese, nientemeno che un quinto della popolazione sembrerebbe disposto a coinvolgersi in quello che viene pragmaticamente definito "market for private sponsorship of refugees", ovvero a dare una mano "secondo un ampio spettro di possibilità, dall'assistenza logistica al supporto per l'apprendimento linguistico, alla fornitura di trasporti, all'offerta di servizi professionali, di amicizia, di supporto emozionale"[4]. Ma torniamo all'Europa.

Siano pure ispirati da soverchie ansie di sicurezza, codici e decreti vanno studiati e interpretati. L'Europa è un continente civile che dell'umanitario fa uno dei suoi punti di forza, e questo filtra anche nelle sue leggi, a saperle leggere. Proprio scovando norme favorevoli nella legislazione europea, non applicate in precedenza, i corridoi hanno potuto essere realizzati.

La collaborazione fra la Comunità di Sant'Egidio, la Tavola Valdese e la Federazione delle Chiese evangeliche in Italia marca l'origine dei corridoi, concepiti fra 2013 e 2015[5]. Il contesto in cui nascono è quello dei fenomeni migratori degli anni Dieci. C'è però un'origine di lungo corso dei corridoi, che vengono da scambi, frequentazioni, sensori mediterranei. Non cioè da un'analisi di diritto internazionale, fosse la più raffinata e sagace, bensì da un percorrere il vicino Levante con le sue società plurali, le sue convivenze tra popoli diversi, e purtroppo le sue guerre. Se si conoscono i contesti di origine, allora migranti, profughi, rifugiati non sono più cifra statistica, faccenda politica, immagine di telegiornale, ma parte dell'umanità.

[4] "Global Refugee Sponsorship Initiative", vol. 42, June/July 2021.

[5] Così Daniela Pompei, loro ideatrice per parte di Sant'Egidio: "Fra 2013 e 2015 c'era un enorme aumento dei flussi migratori attraverso il Mediterraneo. Emergeva un drammatico tributo di morti in mare. Vedevamo tutte queste persone che perivano nei loro *journeys of hope*. Organizzavamo preghiere per ricordarne i nomi, raccoglievamo le loro storie perché non fossero dimenticate. Uomini e donne che avevano alle spalle viaggi terrificanti ci motivavano a trovare soluzioni concrete immediate. Non necessariamente cambiamenti legislativi, eravamo consci di non averne il potere. Ma potevamo cercare e applicare strumenti già esistenti. I corridoi umanitari sono stati un grande esercizio di collaborazione fra entità istituzionali e organizzazioni non governative, e significativamente queste ultime erano organizzazioni cristiane" (intervista a Camillo Barone, riportata nella tesi di laurea di quest'ultimo, *The Humanitarian Corridors of the Community of Sant'Egidio: A possible solution to unsafe immigration*, cit., pp. 38-39).

L'auspicio è che il modello dei corridoi umanitari si diffonda su larga scala tra i paesi dell'Unione Europea. Già va accadendo in Francia, Belgio, Germania, oltre che Andorra e San Marino. Del resto, il consenso ai corridoi come forma legale per rifugiarsi in Europa è ampio. Angela Merkel li considera "uno strumento fondamentale della nostra politica", poiché "impediscono che i profughi cadano nelle mani dei trafficanti di esseri umani e tentino traversate del Mediterraneo in cui rischierebbero la vita"[6]. Emmanuel Macron li definisce "modello politico d'immigrazione legale, soprattutto per persone che necessitano di protezione umanitaria"[7]. Sergio Mattarella vi vede il segno che l'Italia "è stata, e continua ad essere, all'avanguardia nella solidarietà", mantenendosi "pienamente in linea con la [propria] Costituzione"[8]. La corona di citazioni potrebbe essere lunga. E magari concludersi con una figura sovranazionale

[6] https://archive.santegidio.org/index.php?staticURL=pageID/16332/langID/it/text/2496/Intervento-della-Cancelliera-Angela-Merkel.html.

[7] https://www.swissinfo.ch/fre/emmanuel-macron-pour-la-premi%C3%A8re-fois-chez-le-pape-fran%C3%A7ois/44216874.

[8] Intervento all'inaugurazione di spazi restaurati presso l'antico Ospedale San Gallicano di Roma. Cfr. http://comunicazioneinform.it/mattarella-litalia-e-stata-e-continua-ad-essere-allavanguardia-nella-solidarieta/. Mario Draghi rilevava che gli stessi paesi "più preoccupati dai cosiddetti 'movimenti secondari' hanno preso atto dell'importanza di prevenire e contenere i flussi irregolari e di incentivare i canali di migrazione legale", su cui "l'Europa dovrebbe impegnarsi di più, seguendo ad esempio il modello dei cosiddetti corridoi umanitari" (Intervento al Senato del 20 ottobre 2021: https://www.governo.it/it/articolo/comunicazioni-del-presidente-draghi-al-senato-vista-del-consiglio-europeo-del-21-e-22). Forte, in Italia, il consenso in campo sociale. Gino Strada sosteneva essere, i corridoi umanitari, "la prima cosa da fare" in tema migratorio, perché "legali e sicuri". (*Gino Strada: "Sono per una sanità pubblica. Fossi ministro, niente convenzioni con i privati"*, di Vittorio Zincone, "Sette", settimanale del "Corriere della Sera", 13 luglio 2018). Sul fenomeno migratorio in generale, Strada osservava: "Ci si muove nell'incertezza. La questione è che da anni si sarebbero potuti aprire dei corridoi umanitari legali e sicuri. Senza far morire la gente in mare" (https://www.tpi.it/news/gino-strada-nessuno-puo-fermare-migranti-20171012641158/). Andrea Riccardi ha parlato dei corridoi come di "risposta della società civile italiana che non vuole ripiegarsi su se stessa, non vuole girarsi dall'altra parte, ma vuole intervenire, aiutare" (Discorso di benvenuto a profughi siriani all'aeroporto di Fiumicino il 26 ottobre 2016; cfr. https://andreariccardi.it/interventi/cosa-ha-detto-andrea-riccardi-accogliendo-i-profughi-dalla-siria-i-corridoi-umanitari-la-nostra-risposta-alla-guerra/).

come papa Francesco, che vede nei corridoi umanitari "un segno concreto di impegno per la pace e la vita, che unisce la solidarietà e la sicurezza", consentendo "di aiutare persone che fuggono dalla guerra e dalla violenza"[9]. Il consenso a una politica d'accoglienza umanitaria pronostica future estensioni del modello dei corridoi, prova di vitalità dell'umanesimo europeo.

La crisi bellica ucraina esplosa nel febbraio 2022 con l'invasione russa ha prodotto in Europa masse di profughi. Al momento di licenziare queste pagine sono milioni, generosamente accolti dai paesi della UE. I promotori dei corridoi umanitari affiancano l'aiuto ai nuovi sfollati europei a quello per i beneficiari dei corridoi stessi. La capacità di accoglienza della società civile, coltivata dai corridoi umanitari, si estende ai profughi dall'Ucraina. Tornano utili pratiche virtuose dei corridoi come la flessibilità operativa, la capacità di scorgere le vulnerabilità, l'arte di integrare in maniera familiare. Purtroppo, per molte altre persone in fuga dalla guerra, l'Europa rimane impenetrabile e inospitale. Un'artista cosmopolita come Noa lo spiega senza giri di parole: "Dobbiamo ricordarci che non c'è soltanto la tragedia ucraina: ci sono l'Afghanistan, la Siria, lo Yemen; nel Nord dell'Etiopia il genocidio sta proseguendo. Ci sono altre guerre in Africa, ma si tratta di neri e la gente è meno sensibile. Tristissimo"[10].

Per sua parte, la società civile che apre le porte agli ucraini non distingue tra profughi dall'Est Europa e profughi da Afghanistan, Siria, Eritrea o altri paesi invivibili. Non

[9] Così papa Francesco all'Angelus del 6 marzo 2016, https://www.vatican.va/content/francesco/it/angelus/2016/documents/papa-francesco_angelus_20160306.html.

[10] *"Non mollo: l'ottimismo è una scelta". Noa,* "Io donna", 30 aprile 2022, pp. 52-54.

ci sono profughi di prima e di seconda classe, profughi accostabili alla nostra esperienza esistenziale e profughi che non lo sono: tutti soffrono, tutti meritano protezione e accoglienza, tutti sfidano la generosità personale e collettiva.

1

L'EUROPA FA MURO

1. Gli anni Dieci

I corridoi umanitari rappresentano un'alternativa legale e sicura alla tratta di esseri umani lungo le rotte mediterranee. Salvano migliaia di vite, proteggono persone vulnerabili, scaturiscono dalla società civile, non costano allo Stato. Progettati in Italia verso il 2015, e proposti all'Europa, innovano la vita internazionale. Non sono una start up di successo. Vengono da lontano. Hanno radici storiche, immerse nel contesto mediterraneo. C'è l'emergenza migratoria degli anni Dieci. Ma anche la sensibilità particolare degli ideatori, maturata lungo decenni.

Una questione preliminare, solo in apparenza lessicale. "Migranti", "profughi", "rifugiati" sono termini che vorrebbero esprimere realtà diverse. Ma nel flusso di genti che tentano di attraversare il Mediterraneo per toccare la sponda Nord queste differenziazioni si perdono. Migranti economici bisognosi di lavoro, profughi da contesti di violenza e persecuzione, richiedenti asilo, ossia potenziali rifugiati, non sono ben distinguibili. Le migrazioni marittime extralegali verso l'Europa sono una corrente indistinta di uomini e donne di tutte le età in fuga da guerre e violenze, miserie e povertà, disastri naturali e cambiamenti climatici, disuguaglianze economiche e sottrazione neocoloniale di terre e risorse.

I cosiddetti *push factors*, ossia fattori che spingono a emigrare, sono quasi sempre multipli. Nelle vicende personali si sovrappongono. Un saheliano abbandona la sua terra perché non può più coltivarla, ma non per questo è un semplice migrante economico. Il suo lavoro può esser venuto meno per l'avanzata del deserto, cioè per un disastro ambientale, ma anche per una delle non infrequenti crisi belliche e securitarie, o per l'estensione territoriale di gruppi islamici connessi ad Al Qaeda o ISIS, o per tutti questi motivi congiuntamente. Un siriano fugge dalla guerra per sottrarsi alla violenza bellica, ma anche alla difficoltà di sopravvivere in un contesto d'insicurezza alimentare e lavorativa. Un nigeriano tenta l'emigrazione immaginando di fare fortuna e lasciarsi alle spalle una vita di stenti, ma anche per l'appropriazione di terre e risorse naturali da parte di multinazionali del cibo o dell'energia, oppure a causa del terrorismo di Boko Haram.

Pressoché tutti gli studiosi di emigrazione concordano sulla difficoltà di distinguere tra migranti economici da una parte, e profughi e rifugiati dall'altra[11]. Al contrario, gli Stati sostengono la distinzione. Davanti a flussi e ingressi non regolari e non desiderati, le persone classificate come migranti economici possono subito essere considerate dagli Stati in condizione d'illegalità, e dunque rigettate ed espulse. Invece i richiedenti asilo devono essere tollerati e anzi protetti finché la loro domanda non viene

[11] Tra le analisi più lucide in questo senso: U. Curi, *Una teoria male interpretata*, in *Vergogna ed esclusione…*, cit., pp. 7-30.

giudicata; se l'istanza è accolta, essi vanno ulteriormente tutelati. Gli Stati ritengono loro interesse restringere il più possibile la categoria dei rifugiati per avere mano libera nei respingimenti di tutti gli altri migranti, identificati come economici.

I corridoi umanitari sono rivolti indistintamente a quanti necessitano protezione internazionale. Guardano alle persone con speciale attenzione alla loro vulnerabilità e alla loro storia. La scelta ricade su chi, in condizione di fragilità, non può ritornare nel suo paese senza rischiare la vita e al tempo stesso non ha chance di radicarsi là dove si è arenato nel suo allontanamento dalla terra d'origine; e senza i corridoi si rivolgerebbe ai trafficanti per arrivare in Europa.

Mancano infatti percorsi legali per accedere al territorio europeo e chiedere asilo. C'è qui una contraddizione tutta europea. Si tratta della inesigibilità, se non ci si trova in un paese dell'Unione, di diritti umani di cui pure paradossalmente l'Europa si è fatta paladina nell'accezione più estesa che esista al mondo. Non c'è sistema politico più aperto di quello della UE, in tema di protezione internazionale e di diritto all'asilo. Ma questo sistema è fruibile solo per quella minoranza di aspiranti rifugiati che in Europa già ci sono, e possono dunque richiedere asilo. La sua universalità è solo apparente.

Andiamo alla storia migratoria recente. Verso il 2010, nel pieno della grande recessione indotta dalla crisi del mercato americano dei subprime, l'Europa chiudeva i residui scarni varchi nazionali all'immigrazione per lavoro da paesi esterni all'Unione[12]. Se negli anni successivi il nu-

[12] Non tanto dissimile era stata la reazione allo choc petrolifero del 1973.

mero dei residenti europei nati fuori dal continente, ossia extracomunitari di origine, continuerà a lievitare, lo si dovrà ai legittimi ricongiungimenti familiari e ai più o meno perigliosi ingressi di richiedenti asilo, di cui si tenta in vari modi di scoraggiare la venuta sul suolo europeo affinché non possano presentare domanda di protezione internazionale. Non c'è una politica dei visti, semplicemente non se ne danno. Come non c'è un sistema di sponsorship per introdurre persone dall'esterno, che pure in precedenza era esistito in vari paesi.

Esemplificativa, a questo proposito, la parabola dell'Italia. Paese d'immigrazione tardiva rispetto ad altri grandi Stati europei occidentali, tra 1990 e 2010 l'Italia ha assorbito gruppi consistenti di immigrati economici mediante annuali decreti che ne stabilivano i flussi. Con la grande recessione, e la conseguente disoccupazione, questa prassi finiva, venendosi a chiudere l'unica via legale d'immigrazione programmata. Nel 2008 s'è avuto l'ultimo decreto-flussi consistente (172.000 permessi di soggiorno)[13]. Pressoché chiusa l'immigrazione economica, altre vie d'ingresso legali nella penisola non ve n'erano. Chi entrava per chiedere asilo doveva farlo clandestinamente, attraverso valichi di terra o sfidando le acque del Mediterraneo.

Come paese appartenente all'area Schengen, l'Italia aveva frontiere soggette alla relativa regolamentazione d'ingressi e visti: i suoi confini non erano più intesi come nazionali, ma come europei. La creazione di Schengen, dai primi accordi del 1985 all'entrata in vigore nel 1995, aveva presup-

[13] Il governo Monti nel 2012 permette l'ingresso di 17.850 lavoratori extracomunitari, solo per lavoro subordinato non stagionale, oltre a 35.000 lavoratori stagionali, ma è un'eccezione alla regola, correlata all'esistenza di uno specifico ministro competente per l'Integrazione che si occupava degli immigrati.

posto che i confini esterni dello spazio ricoperto dai paesi membri venissero sigillati. Affinché tale spazio fosse zona di libera circolazione, di confortanti garanzie di sicurezza, di salvaguardia dei diritti fondamentali, era inteso che non vi fossero presenze di persone entrate contro la volontà dei paesi membri. La libertà interna europea era, nello schema Schengen, connessa alla chiusura esterna e alla blindatura dei confini, da rendere attraversabili solo in maniera conforme alla legge.

Per citare Emidio Diodato: "Schengen definisce il luogo della cittadinanza europea, ma anche della 'fortezza Europa', espressione impiegata in senso critico per designare le politiche e le prassi adottate all'interno e all'esterno dell'Unione per fermare i migranti e i rifugiati che tentano di raggiungerla"[14].

Dal 1990, per entrare in Italia, occorreva un visto. Era stata la condizione primaria per concedere alla penisola, la cui adesione non era sollecitata dai paesi nordeuropei, di far parte dell'area Schengen. L'immigrazione irregolare non era mai cessata, date le caratteristiche geografiche dell'Italia, protesa nel mare verso Africa e Medio Oriente. Le si faceva fronte stringendo affannosamente accordi, più o meno onerosi, con i paesi di provenienza o di transito, mirati sia a interrompere i flussi sia a poter praticare rimpatri e riammissioni dei migranti espulsi, impossibili senza il consenso dei paesi d'origine. La Libia di Gheddafi era in questo senso paese cruciale. Con la Libia, l'Italia aveva negoziato nel 2008 un impegnativo Trattato di amicizia, che concedeva 5 miliardi di euro in 25 anni in cambio del

[14] E. Diodato, *Tecnocrati e migranti. L'Italia e la politica estera dopo Maastricht*, Carocci, Roma 2015, p. 59.

blocco delle partenze verso l'Italia, che subito decrebbero drasticamente.

Gli anni Dieci si presentavano sconfortanti per i migranti da paesi a risorse limitate verso l'Italia. Flussi per lavoro di una qualche entità erano ormai un ricordo e per domandare protezione internazionale in quanto provenienti da situazioni di guerra, violenza, persecuzione occorreva prima metter piede sul territorio europeo, irraggiungibile legalmente. Attraverso il Mediterraneo centrale filtrava ormai un numero ridotto di migranti, inferiore alle rotte del Mediterraneo occidentale e orientale volte principalmente verso Spagna e Grecia.

Tuttavia lo scenario internazionale cambia improvvisamente. Nel 2011 irrompono le primavere arabe, dapprima in Tunisia, poi in Egitto, in Libia, in Siria e altrove. Quasi nessuno dei ventidue paesi arabi ha pratica di democrazia[15]. La richiesta di diritti politici di stampo occidentale significa togliere potere a regimi autoritari, a oligarchie, a minoranze autocratiche, per darlo a variegate maggioranze prima tacitate e represse, le cui volontà e propensioni sono spesso contraddittorie. Più che primavere, sono rivoluzioni. Implicano conflitto e violenza.

Non ci sono esiti democratici, tranne che in Tunisia, e anche qui dopo sofferenze varie, riflesse negli arrivi sulle coste italiane di migliaia di richiedenti asilo. In generale, i paesi arabi sprofondano in convulsioni politiche, guerre civili, nuove dittature. La Libia, decisiva per parare l'Italia dai flussi di migranti subsahariani, precipita nel caos dopo la caduta del regime di Gheddafi. Le sue coste di-

[15] Si vedano gli *Arab Human Development Reports* delle Nazioni Unite, che nel 2011 contavano cinque edizioni (2002, 2003, 2005, 2006, 2009, mentre una sesta uscirà nel 2017).

ventano terra di nessuno dove gli imbarchi clandestini si moltiplicano.

Al contempo, nel Corno d'Africa e nell'immensa fascia sotto il Sahara, tra Mar Rosso e Golfo di Guinea, una serie di paesi sta implodendo a causa di conflitti armati, dittature oppressive, regimi brutali, contrasti etnici e religiosi. Sono i casi di Somalia, Eritrea, Sudan, Costa d'Avorio, Mali, Guinea Conakry. Ma pure il gigante demografico nigeriano, scosso da spasmi politici ed etnici prima ancora che dalla violenza di Boko Haram, produce schiere di migranti che affrontano anch'essi il calvario dell'attraversamento del Sahara per tentare poi la rotta del Mediterraneo centrale. Per non dire delle costanti pressioni migratorie provenienti da lontano, da Afghanistan, Pakistan, Bangladesh, i cui migranti affrontano peripezie e viaggi di anni per arrivare in Europa, attraverso qualsiasi rotta.

Dal 2011 le rotte del Mediterraneo si riattivano vigorosamente. I numeri sono significativi. L'Italia è la prima mèta, per lo più di transito. Chi ce la fa a sbarcare, risale poi verso il Nord Europa.

Questi i numeri degli arrivi in Italia via mare:

2010:	4.406
2011:	64.261
2012:	13.267
2013:	42.925
2014:	170.100
2015:	153.842
2016:	181.436
2017:	119.247
2018:	23.371
2019:	11.471

Nell'insieme del decennio 2010-2019, l'Italia è terra di approdo per 784.326 migranti e/o rifugiati. A esclusione del particolare anno 2015, segnato da un grande esodo di profughi di guerra siriani attraverso Turchia ed Egeo, il maggior canale d'ingresso informale in Europa è costituito dalla rotta del Mediterraneo centrale verso l'Italia. Poiché i migranti classificati come economici non possono ricevere un permesso di soggiorno regolare (e andrebbero rimpatriati), le richieste di asilo, tradizionalmente poco consistenti in Italia, aumentano d'improvviso. Rappresentano pressoché l'unica soluzione praticabile per non essere respinti, o per non volgersi alla clandestinità. Già nel 2011 i richiedenti asilo sono 37.350; nel 2016 saranno ben 123.482. Ciò si deve anche alla pressione nordeuropea volta al rispetto del regolamento di Dublino, che, nelle sue successive versioni del 1990, 2003 e 2013, esige la gestione dei migranti irregolari, e l'eventuale concessione dell'asilo in alternativa al respingimento, nel paese europeo di primo approdo[16].

Chi sono questi migranti via mare? Nell'opinione pubblica italiana vengono descritti come dei disperati. La definizione è impropria perché si tratta di genti sospinte da una speranza, che lottano strenuamente per un obiettivo considerato vitale. Ma, in se stessa, la definizione è veritiera. Implica il riconoscimento della gravità dei moventi di chi affronta estorsioni, torture, stupri, sequestri, schiavitù, e ovviamente la morte, lungo le piste del Sahara, frontiera dopo frontiera, per poi soffrire ancora nelle tappe libiche, le più esposte, dove i diritti umani valgono meno che zero e

[16] Cfr. il regolamento europeo n. 604/2013 del 26 giugno 2013 noto anche come Dublino III: https://eur-lex.europa.eu/LexUriServ/LexUriServ.do?uri=OJ:L:2013:180:0031:0059:IT:PDF.

si viene venduti e comprati tra bande e milizie[17]. Talora, per partire con la chance di qualcosa in tasca, i giovani migranti vendono un rene al business criminale che lo trapianta a qualche ricco occidentale o arabo. "Disperati", sborsano decine di volte l'equivalente di un biglietto aereo, in viaggi che possono durare anni, dato che ogni tratta esaurisce ciò che si possiede, fra richieste dei trafficanti, espropriazioni forzate, tangenti da pagare a qualsiasi autorità locale, lavoro forzato per accantonare risorse di ripartenza[18]. Chi non finisce impantanato ad Agadez o Sebha o altrove fra le sabbie, raggiunge la costa. Viene allora l'azzardo di un guscio galleggiante di terza o quarta mano, sovraccarico, e il rischio di annegare. Il Mediterraneo è il luogo di transito migratorio più pericoloso al mondo.

Ogni persona che viene salvata in mare, oppure sbarca direttamente a Lampedusa o altro approdo italiano, reca con sé una pena geopolitica, esperienze di violenza bellica, traumi individuali e collettivi, orrori cui sottrarsi, fame e carestia, sconvolgimenti climatici, minacce alla propria vita fin superiori a quelle affrontate nel viaggio, e insieme un'ostinata volontà di scampo dal destino avverso quale che sia. Da "disperati", questi migranti avrebbero più o meno tutti diritto a una protezione internazionale, a un asilo, a una tutela umanitaria. Sanno che possono ambirvi solo avendo i piedi sul territorio europeo. L'importante è arrivare, poi si vedrà: protezione internazionale, clandestinità, lavoro

[17] Esemplificativo F. Gatti, *Bilal: viaggiare, lavorare, morire da clandestini*, Rizzoli, Milano 2008.

[18] Secondo uno studio dell'International Organization for Migration basato su numerose interviste a migranti, chi affronta la rotta del Mediterraneo centrale impiega mediamente 1,7 anni a colmare la distanza dal paese d'origine all'Italia: IOM, *Study on migrants' profiles, drivers of migration and migratory trends*, 2016, https://cadmus.eui.eu/bitstream/handle/1814/43964/IOM_Migrants_Study_2016_EN.pdf?sequence=1&isAllowed=y.

nero, mendicità, rifugio presso parenti o conoscenti. Ogni opzione è possibile purché non si venga rimandati indietro. Non infrequenti i casi di migranti che tentano il suicidio o si danno all'autolesionismo pur di non essere rimpatriati a forza. Il *refoulement* toglie la speranza grazie alla quale tutto era stato sopportato.

E l'Europa, come si pone? Il Vecchio Continente è spaventato da ciò che non riesce a controllare e pianificare. Chi viene a chiedere asilo e lavoro appare un problema, non una chance. Per l'Europa, i migranti sono numeri, prima che volti di persone singole. Le statistiche sono aritmetica astratta, non suscitano *pietas*. Che fare davanti a milioni di esseri in fuga da guerre e povertà? A questa domanda si risponde istintivamente sul piano securitario. Per il resto, sono masse scolorite.

Certo, un singolo bambino che muore, con la sua maglietta rossa e i pantaloncini blu, non è incolore, è un dramma cosmico. Le foto del ritrovamento sulla spiaggia turca di Bodrum del piccolo profugo siriano Aylan Kurdi, di tre anni, annegato nel naufragio del gommone con cui la famiglia tentava di raggiungere la Grecia, a inizio settembre 2015, commuovono l'opinione pubblica europea come nessuna statistica potrebbe, anche la più drammatica. Le immagini del suo corpicino di bambino normale diventano un simbolo. Ma l'emozione provocata dalla morte del piccolo Aylan è passeggera[19]. Le istituzioni europee, pressa-

[19] La foto del piccolo Aylan annegato viene diffusa il 2 settembre 2015. Il 5 settembre Angela Merkel deroga al regolamento di Dublino e consente l'ingresso di centinaia di migliaia di profughi siriani in Germania, ma un nesso diretto fra i due eventi è da dimostrare. In ogni caso la politica europea nei confronti di migranti e profughi non cambia. Il gesto della cancelliera tedesca non fuga, a livello continentale, apprensioni così forti da indurre ad aprire immediatamente negoziati con Ankara perché trattenga in Turchia i siriani in fuga.

te da opinioni pubbliche sfavorevoli ai migranti, evitano di predisporre o validare vie legali per consentire il raggiungimento del territorio continentale a una parte almeno dei fuggiaschi dall'indistinto insieme di guerre, violenze, miserie.

Come accennato, la tradizionale partizione fra migranti economici e profughi richiedenti asilo non regge più, essendo fusa nell'unica categoria di persone in cerca di dignitosa sopravvivenza[20]. Eppure, l'Europa tende a mantenerla, nei fatti più che nelle parole, in una prospettiva repressiva dei movimenti migratori. Gli ipotetici rifugiati vengono circoscritti il più possibile. Il numero dei migranti economici viene amplificato, perché a questi ultimi si può negare l'accesso e infliggere il respingimento con minori scrupoli morali e più sbrigative procedure giuridiche. L'*Agenda europea sulla Migrazione* del maggio 2015 insiste soprattutto sui disincentivi alla "migrazione irregolare", attraverso blindature delle frontiere, accordi con paesi di origine e transito dei migranti, lotta alla tratta di esseri umani, efficace politica di rimpatri, anche forzati, e "una politica comune europea di asilo forte" il cui significato sta nelle seguenti considerazioni:

[20] Osserva De Cesaris: "È sempre più spesso contestata la classica distinzione tra migranti economici e rifugiati (dunque tra migrazioni *volontarie* e *forzate*), che nel corso del secondo Novecento ha informato non soltanto la letteratura sul tema ma anche le politiche adottate dagli Stati. Oggi appare evidente come una distinzione netta sia poco rispondente alla realtà: in molti casi, probabilmente nella maggioranza dei casi, chi sceglie di emigrare lo fa per un insieme di motivi in cui si mischiano povertà, speranza di migliorare la propria condizione economica, necessità di fuggire da luoghi in cui la violenza diffusa rende la vita precaria, negazione dei diritti. L'instabilità di molti paesi favorisce l'emigrazione di chi, anche se non costretto a fuggire, è convinto di non poter avere un futuro nella propria terra. Così i motivi economici e politici si compenetrano. Sempre di più incidono anche i cambiamenti climatici e i disastri ambientali" (V. De Cesaris, *Il grande sbarco. L'Italia e la scoperta dell'immigrazione*, Guerini e Associati, Milano 2018, p. 12).

"Quando i migranti non soddisfano i criteri per restare, l'UE dovrebbe agire di conseguenza. I richiedenti asilo che non ottengono il permesso di soggiorno e che tentano di evitare il rimpatrio, i soggiornanti fuori termine e i migranti in permanente stato di irregolarità rappresentano un serio problema. Queste situazioni compromettono gravemente la fiducia nel sistema, offrono solidi argomenti a coloro che cercano di criticare o stigmatizzare la migrazione e ostacolano l'integrazione dei migranti che vivono di diritto nell'UE [...] Un sistema europeo comune di asilo più forte significa anche un approccio più efficace agli abusi. Troppe richieste sono infondate: nel 2014 il 55% delle domande di asilo ha dato luogo a decisione negativa e per alcune nazionalità è stata respinta la quasi totalità delle domande, minando la capacità degli Stati membri di assicurare una protezione rapida a chi ne aveva effettivamente bisogno. La normativa comprende disposizioni specifiche di lotta contro gli abusi, che consentono per esempio il trattamento rapido delle domande infondate"[21].

S'intende che solo quella minoranza di migranti entrati irregolarmente che dimostra il suo bisogno di protezione internazionale ha diritto a restare in territorio europeo. La maggioranza va respinta in quanto mossa da motivazioni economiche, che non consentono la concessione dell'asilo. Il diritto al *non-refoulement* (non respingimento) stabilito dalle convenzioni internazionali vale per rifugiati e richiedenti asilo, non per migranti economici[22]. Paradossal-

[21] Il testo della *Agenda europea sulla Migrazione*, presentato dalla Commissione Europea il 13 maggio 2015, in https://eur-lex.europa.eu/legal-content/IT/TXT/PDF/?uri=CELEX:52015DC0240&from=es.

[22] Cfr. UNHCR, *Convention and Protocol relating the Status of Refugees*, Geneva 2010, con i testi della Convenzione di Ginevra del 1951 e del Protocollo aggiuntivo di New York del 1967, cui va aggiunta la *Carta dei Diritti Fondamentali dell'Unione Europea* (all'art. 19).

mente, questo rigorismo contraddice le premesse culturali attestate dalla stessa *Agenda europea sulla Migrazione*, così delineate:

"Nella Storia l'uomo migra da sempre. L'approdo sulle rive dell'Europa è un fine che le persone perseguono per motivi diversi e per vie diverse: cercando percorsi legali ma anche rischiando la vita, vogliono fuggire dall'oppressione politica, dalla guerra e dalla povertà oppure ricongiungersi con i familiari, fare impresa, acquisire conoscenze, studiare. La migrazione di ciascuno è una storia a sé. Gli stereotipi tendenziosi preferiscono spesso guardare solo ai flussi di un determinato tipo, sorvolando sulla complessità intrinseca di un fenomeno che esercita molti e diversi effetti sulla società e che richiede molte diverse risposte"[23].

Il traffico di esseri umani è, nell'*Agenda*, il crimine abominevole da combattere, e però vie legali alternative per accedere al continente, che a tale traffico sottrarrebbero materia prima, vengono proposte molto timidamente. Si prospetta un programma biennale di *resettlement*, ossia reinsediamenti, di 20.000 persone, la cui scelta sarebbe lasciata all'UNHCR[24], evidentemente entro il bacino dei suoi rifugiati riconosciuti. Si chiede altresì agli Stati membri della UE, in maniera generica, di attivare altri canali le-

Poiché ai richiedenti asilo spetta comunque il diritto al *non-refoulement*, si cerca di accelerare le procedure e talvolta di espletarle alla frontiera o nelle sue vicinanze, in modo da rendere poi più agevole il rimpatrio. Chi invece non chiede asilo viene subito respinto o trattenuto in attesa di possibile allontanamento.

[23] *Agenda europea sulla Migrazione*, cit.

[24] I *resettlement* sono reinsediamenti di profughi bisognosi di protezione internazionale che vengono promossi e finanziati dagli Stati, con l'assistenza da parte dell'UNHCR riguardo ai nominativi dei beneficiari. UNHCR è acronimo inglese per United Nations High Commissioner for Refugees (in italiano ACNUR, Alto Commissariato delle Nazioni Unite per i Rifugiati) ovvero la "UN Refugee Agency".

citi per favorire ingressi di persone bisognose di protezione internazionale[25]. Sul piano delle ammissioni umanitarie c'è poco di operativo, specie a confronto con le innumerevoli misure securitarie previste dall'*Agenda*. Non senza ragione, si punta il dito sulla tratta, ma non si guardano in faccia i migranti, con le loro condizioni, esigenze, sofferenze che spiegano il rivolgersi ai trafficanti.

Indubbiamente il traffico di esseri umani è un crimine, ma gli anelli del racket migratorio sono notoriamente sgranati e sfuggenti: se gli scafisti dell'ultima tappa sono in qualche modo definiti dai loro contorni "professionali", non così è per quelle considerevoli fasce di popolazione del Niger o del Mali che dall'economia dei transiti migratori traggono i mezzi di sussistenza.

Il luogo comune della "fortezza Europa" non è retorico. Anno dopo anno, con aumentato centralismo operativo, l'UE incrementa la sorveglianza alle frontiere per contrastare l'afflusso di migranti clandestini, e anzi cerca di spostare le sue dogane migratorie (*hotspots*) al di fuori del continente stesso, operando la cosiddetta esternalizzazione delle frontiere mediante accordi con i paesi di origine o di transito dei migranti. Sono create infrastrutture di controllo, banche dati, sistemi di segnalazione, strumenti informatici. Agenzie securitarie e sistemi operativi europei come Frontex, EASO, Europol, Eurodac ricevono energico potenziamento per bloccare, schedare, esaminare, rimpatriare i migranti, oltre che per indagare sui trafficanti

[25] Così il breve passaggio del documento: "Gli Stati membri dovrebbero inoltre attivare tutti gli altri canali leciti di cui possono disporre le persone bisognose di protezione, compresi il patrocinio di soggetti privati o non governativi e i permessi per motivi umanitari e le clausole inerenti al ricongiungimento familiare".

e perseguirli, se possibile. Si dispiegano corpi europei di guardie costiere e di frontiera per dare "coerenza e solidità" ai confini, rendendoli invalicabili, quasi che nelle acque del Mediterraneo esistano accessi da sbarrare[26].

Il concetto di "fortezza" allude anche al beneficio della protezione. E in effetti, per chi è riuscito a entrare in Europa, dimostrando di essere bisognoso di protezione, esistono importanti garanzie e tutele. Ma per chi sta fuori dalla "fortezza" non c'è riguardo: fa parte di un mondo totalmente altro, minaccioso, da ignorare o esorcizzare, e deve restare fuori.

Migrazione e criminalità vengono sovrapposte nella visione politico-giuridica e nella comunicazione pubblica europea. L'insistenza sulla lotta alla criminalità, nel 2016, è così commentata dalla Gioventù Federalista Europea:

> "Si genera un pericoloso continuum sul quale finiscono per risiedere lotta al terrorismo, al crimine internazionale e gestione delle migrazioni. Sì, delle connessioni possono esistere, ma si tratta perlopiù di relazioni spurie [...] La realtà sta nella legittimazione della politica che tratta i flussi come minaccia, in una perversa profezia auto-avverante [...] La sovrapposizione tra controllo del crimine internazionale e gestione delle migrazioni rimane un'assunzione apparentemente incrollabile [...] Se non si costituiscono veri corridoi umanitari e seri e urgenti programmi di salvataggio in mare a livello europeo, se non si superano gli egoismi relativi alle quote [dei ricollocamenti interni alla UE] e se non si decide di creare la possibili-

[26] Cfr. *Comunicazione della Commissione al Parlamento Europeo, al Consiglio Europeo, al Consiglio e alla Banca europea per gli Investimenti sulla creazione di un nuovo quadro di partenariato con i paesi terzi nell'ambito dell'Agenda europea sulla migrazione*, Bruxelles, 7 giugno 2016.

tà di un asilo europeo, il fenomeno migratorio continuerà ad essere raccontato e trattato come una minaccia"[27].

Allo stesso fine di arginare le migrazioni, si negoziano accordi con paesi africani e asiatici per bloccare i movimenti di migranti verso l'Europa. In cambio della destrutturazione delle rotte migratorie e della collaborazione nelle riammissioni, si offrono aiuti allo sviluppo, sostegni finanziari, sistemi di sicurezza, e quant'altro. Se i paesi interpellati non acconsentono alle profferte politiche o economiche, si minacciano ritorsioni a ogni livello possibile (finanziamenti, sviluppo, commercio, istruzione, sanità, energia, ambiente, agricoltura, ecc.). Che la politica estera della UE faccia della questione migratoria il suo tema principale suona incongruo, eppure nei documenti della Commissione Europea si legge:

> "Le politiche dell'UE dovrebbero essere concepite in modo da arginare l'afflusso di migranti irregolari. Il messaggio secondo il quale le questioni migratorie sono diventate la prima priorità nelle relazioni esterne dell'UE non è stato pienamente trasmesso ai [paesi] partner, che quindi non ne colgono ancora tutte le implicazioni. È di fondamentale importanza spiegare chiaramente ai nostri partner che risolvere gli spostamenti irregolari incontrollati di persone è una priorità dell'intera Unione [...]. Per ogni partner si dovrebbe mettere a punto una combinazione di incentivi positivi e negativi, la cui applicazione dovrebbe basarsi sul chiaro principio che le relazioni globali tra l'UE e il paese in questione dipenderanno dalla ca-

[27] Gioventù Federalista Europea, *Migration compact europeo e cooperazione strutturata permanente*, 22 ottobre 2016, pp. 12-13 (http://www.mfe.it/port/documenti/doc-mfe/uffici/161015_udd_gfe.pdf).

pacità e dalla volontà di quest'ultimo di cooperare in materia di gestione della migrazione. Bisognerà avvalersi dell'intera gamma di politiche, strumenti finanziari e strumenti delle relazioni esterne dell'UE"[28].

Una preminente preoccupazione europea, dinanzi ai crescenti flussi di migranti, alias richiedenti asilo, sembra essere quella di evitare i cosiddetti "movimenti secondari", cioè evitare che un curdo sbarcato in Grecia vada in Germania, un somalo sbarcato in Italia vada in Svezia, o un marocchino sbarcato in Spagna vada in Francia. Del fenomeno dei cosiddetti rifugiati in orbita si occupano le polizie, rimandando nei paesi di primo ingresso. I paesi del Nord Europa vigilano sul rispetto del regolamento di Dublino, secondo i cui dettami devono essere solo i paesi di primo arrivo ad accogliere le domande di asilo dei migranti entrati irregolarmente in Europa, nonché a farsi carico della loro accoglienza o respingimento. Che sono poi soprattutto i paesi mediterranei più vicini all'Africa e al Medio Oriente, come Spagna, Italia, Grecia, Malta. Per le loro frontiere marittime passano, negli anni Dieci, i tre quarti dei migranti irregolari pervenuti nella UE.

Tali dettami, riaffermati anche nella terza versione del regolamento di Dublino, quella del 2013, sono veramente anacronistici. Risalgono al primo Dublino, ad un 1990 in cui le rotte clandestine mediterranee venivano poco frequentate: tutt'altra era allora la scena migratoria. Alla maggioranza dei paesi europei, non mediterranei, sta bene così. Ai loro occhi, anzi, Grecia, Italia e Spagna sembrano dalla

[28] *Comunicazione della Commissione al Parlamento Europeo, al Consiglio Europeo, al Consiglio e alla Banca europea per gli Investimenti sulla creazione di un nuovo quadro di partenariato con i paesi terzi nell'ambito dell'Agenda europea sulla migrazione*, cit.

parte del torto, quando chiedono solidarietà, in quanto non riuscirebbero a far rispettare le frontiere esterne della UE, causando problemi a tutti.

Viene alla mente un episodio del 1997. Allorché in Albania s'era avuta la crisi delle piramidi finanziarie e qualche migliaio di albanesi[29] aveva varcato l'Adriatico chiedendo asilo in Italia, in Baviera c'era stato panico ("Albanesi *ante portas*!" – si titolava). Millecinquecento poliziotti erano stati inviati a difesa della linea di demarcazione fra Germania e... Austria, temendo esodi biblici colpevolmente non fronteggiati dagli italiani.

L'Europa, nel suo baricentro settentrionale, è scossa dalla questione migratoria solo nel 2015, quando un milione di profughi, in maggioranza siriani, si riversa dalla Turchia sulle isole greche e quindi sulla rotta balcanica, avendo come mèta il Nord Europa. Quella del 2015, negli annali di Bruxelles, è la crisi *par excellence*, ricordata come tale nei documenti ufficiali europei. Non sono i drammi del Mediterraneo, lontani dal cuore politico ed economico dell'Unione, a essere considerati la vera crisi, ma l'onda lunga dei siriani in fuga dalla guerra. L'Austria si oppone al loro ingresso e passaggio, l'Ungheria li respinge a bastonate e costruisce un muro ai confini con la sottostante Serbia. Angela Merkel, con sussulto d'umanità, decide controcorrente di sospendere il controverso meccanismo di Dublino secondo cui quel milione di profughi avrebbe dovuto essere respinto in Grecia, Stato di primo ingresso, e apre le porte della Germania. Una decisione coraggiosa, che in patria le costa impopolarità, pur acquisendo all'economia tedesca il

[29] Ufficialmente 8.858.

considerevole apporto dei profughi siriani più capacitati di andar lontano, perché in maggioranza borghesi, benestanti, istruiti. A milioni, i siriani più sprovvisti di mezzi devono arrestarsi, nel loro esodo, in Turchia, Libano, Giordania.

I numeri del Mediterraneo centrale, tra 2011 e 2015, sono minori di quel milione, ma si muore assai più sul mare che sulla rotta balcanica. Siriani sono anche molti dei profughi del Mediterraneo centrale, tuttavia non emozionano l'opinione pubblica europea come i connazionali giunti in massa, d'un sol colpo, nel Nord del continente.

Per le istituzioni comunitarie, solo il 2015 è *annus horribilis*: anno di svolta che esige di porre la questione migratoria al centro dell'agenda politica europea per il presente e per l'avvenire. Non è questa la cronologia storica dei paesi del Sud Europa, alle prese da anni con i barconi dei trafficanti.

2. I morti in mare

La contabilità dei migranti morti nel mar Mediterraneo parla di 22.667 morti e dispersi accertati tra 2014 e 2021, senza tener conto delle tante tragedie ignote[30]. Mediamente otto vittime al giorno. Si stima che dai primi anni Novanta al 2021 circa 41.000 migranti siano periti nell'attraversamento del Mediterraneo[31].

I naufragi avvengono perché i natanti sono in cattive condizioni, sono sovraccarichi, non reggono il mare. Né le

[30] Fonte: https://data2.unhcr.org/en/dataviz/95. Sulla rotta del Mediterraneo centrale i morti e i dispersi accertati sarebbero 15.295, su quella del Mediterraneo occidentale 1.732, su quella del Mediterraneo orientale 2.122.

[31] Cfr. De Cesaris, *Il grande sbarco. L'Italia e la scoperta dell'immigrazione*, cit., p. 16, da integrare con la fonte di cui alla nota precedente.

partenze tengono granché conto delle condizioni meteorologiche. Nei barconi maggiori usa riempire all'inverosimile anche le stive, dove c'è asfissia, e se si affonda nessuno si salva: sarebbero i passeggeri di terza classe, in genere identificati per le spicce con i neri subsahariani. Finché i trafficanti ritengono di poter riutilizzare i natanti, sono loro a guidarli e a riportarli indietro. Se il vettore è a perdere, lo si affida a qualche migrante che sa di navigazione, altrimenti lo si getta alla ventura, facendo unico assegnamento su soccorsi affidati a incontri più o meno fortuiti, col rischio di andare alla deriva e morire dispersi. Contesti e modalità del "viaggio" cambiano secondo gli anni. I sequestri e le distruzioni di barconi di una qualche stazza, da parte delle navi militari europee dell'operazione Triton, da fine 2014, avrebbero paradossalmente provocato l'uso di imbarcazioni più fragili e dissestate, tra cui gommoni, spesso senza piloti in quanto passibili di arresto. Proprio sui gommoni, la dispersione di nafta, mista ad acqua marina, provoca ustioni gravi e talora successiva morte, specie tra le donne disposte sul fondo del mezzo. Delicati sono i salvataggi, soprattutto in condizioni di mare avverso. Senza guida, le persone stentano a controllare l'equilibrio del natante e gli spostamenti inconsulti rischiano di provocare ribaltamenti.

Molti dei morti restano senza nome[32]. Donne e uomini inghiottiti dalle acque senza che i familiari sappiano nulla della loro sorte. Muoiono vicino a Gibilterra, nel Canale di Sicilia, tra le isole egee. Lampedusa, porta d'Europa come titola il suo monumento/memoriale dedicato ai migranti, è luogo emblematico di queste tragedie.

[32] Sull'identità dei migranti morti in mare e la connessa problematica umanitaria si veda l'appassionante libro di Cristina Cattaneo, *Naufraghi senza volto. Dare un nome alle vittime del Mediterraneo*, Raffaello Cortina Editore, Milano 2018.

Altamente simbolico è l'omaggio alle vittime del mare reso sull'isola da papa Francesco nella prima visita del suo pontificato, l'8 luglio 2013. Il papa argentino denuncia a Lampedusa la "globalizzazione dell'indifferenza", l'abitudine al dolore altrui, l'assuefazione alle continue notizie di annegamenti nel Mediterraneo. Che continueranno fatalmente nelle stesse acque ove Bergoglio aveva gettato la corona di fiori della sua *pietas.*

A poche centinaia di metri dalle rive lampedusane, il 3 ottobre 2013, ha luogo la tragedia di un peschereccio proveniente dalla Libia, con 368 profughi annegati e 155 sopravvissuti. Erano ormai arrivati, stavano all'imboccatura del porto, ma era notte fonda, stentavano a entrarvi, non governavano più il barcone che imbarcava acqua. Qualcuno sul ponte decideva di segnalare la presenza dando fuoco a una coperta con del gasolio. Incendio, panico, centinaia di persone si spostano tra le fiancate, il peschereccio si rovescia. Ha tre piani, le persone sopra coperta cadono in acqua, quelle sottocoperta rimangono intrappolate e affondano con il barcone. I sopravvissuti debbono la vita a pescatori che tirano su quanti più naufraghi possibile mentre si fa giorno. Le vittime di questo disastro notturno a due bracciate dalla terraferma sono tutte eritree, tranne sei.

C'erano stati, e ci saranno, altri naufragi di massa, sia pure meno conosciuti. Il 18 aprile 2015 muoiono 900 migranti nell'affondamento di un barcone egiziano prossimo al Canale di Sicilia. I profughi morti il 3 ottobre 2013 restano nella memoria perché ormai prossimi allo sbarco, e senza l'improvvida idea di segnalarsi così maldestramente sarebbero probabilmente giunti sani e salvi.

Così, in quei giorni, una volontaria della Comunità di Sant'Egidio a Lampedusa:

"… I sopravvissuti alla tragedia hanno voglia di raccontare l'accaduto, e come siano rimasti a lungo in mare, vedendo gli altri scivolare e sparire nel buio accanto a loro. Un ragazzo con sguardo sofferente mostra i graffi lasciatigli sul braccio da qualcuno che aveva cercato di aggrapparsi. Alcuni hanno perso tutti i familiari. Ci rechiamo nell'hangar con le bare dei primi 118 corpi recuperati. Con il parroco, pensiamo una preghiera semplice con gesti di consolazione. Gli eritrei entrano a capo coperto, subito si leva un lamento funebre triste, civile, sommesso come di popolo che soffre da tanti anni. Il pianto di Rachele di cui parla la Scrittura. Una preghiera cristiana, il canto di una sura del Corano, il salmo 22 tradotto in tigrino, poi un giovane diacono della Chiesa ortodossa, superstite del viaggio, intona una nenia dapprima timida e poi sempre più decisa di invocazione a Dio. Si snoda una lenta processione tra le bare, tante coppie formate da un eritreo insieme a un non eritreo per deporre due fiori su ogni bara. Il Padre Nostro in tigrino e in italiano, la benedizione delle salme, un abbraccio di pace, infine a tutti l'immagine di un angelo che solleva dalle acque del mare i sommersi e li porta al Padre. Nei giorni seguenti i ragazzi eritrei sono più sereni, mostrano l'immagine ponendola sulla fronte e sul cuore. Intanto la guardia costiera continua a depositare i corpi recuperati…"[33].

I sopravvissuti raccontano la loro odissea. Sono usciti dall'Eritrea clandestinamente, pagando tra 500 e 1000 dollari, non senza lasciare sui terreni di frontiera qualche compagno incorso nelle armi delle guardie oppure saltato su una mina. Una parte è passata per l'Etiopia e poi per il

[33] Memoria di Maria Quinto sul naufragio del 3 ottobre 2013, Lampedusa, 5 ottobre 2013, Archivio storico della Comunità di Sant'Egidio (d'ora in poi ACSE).

Sudan, impiegando oltre due anni per raggiungere la Libia e salire infine sul barcone poi affondato. Altri sono andati direttamente a Khartoum, dove si sono fermati per uno o due anni secondo i casi. Qui, nascosti e sfruttati, hanno lavorato il più possibile per mettere insieme i dollari necessari per sperare di raggiungere la costa libica e affrontare il mare. Il viaggio verso Misurata è stato abbastanza fortunato, durando in media pochi giorni. In Libia molti di loro sono stati rapiti e poi riscattati dalle famiglie, ossia da parenti già residenti in Europa o in America. Avere un folto gruppo familiare alle spalle, che può tassarsi per te, è fondamentale per superare un viaggio che esige parecchie migliaia di dollari. Ciascuno di questi profughi eritrei ha sfidato la morte più volte, ha subito abusi, ha conosciuto dure privazioni per anni. Il più difficile è stato per le donne. Tutti hanno espresso un'energia umana senza pari per giungere ad affrontare le acque del Mediterraneo.

L'Italia è toccata da quanto accade a Lampedusa e dintorni. Il governo italiano ha uno scatto umanitario e decide l'operazione "Mare Nostrum". La marina militare italiana si mobilita nel Canale di Sicilia per intercettare migranti alla deriva o in difficoltà. Ricorda Enrico Letta:

> "Dopo la prima tragedia di Lampedusa ci rendemmo conto subito che il fenomeno aveva assunto delle dimensioni che non lo rendevano episodico. Ricordo l'incontro con i sopravvissuti [...] Tentammo di rendere europeo il tema, di spiegare che la questione era globale e non esclusivamente italiana. Ricevemmo solo parole [...] La discussione al Consiglio europeo subito dopo Lampedusa fu di condoglianze, non ci fu una presa d'atto del carattere europeo del problema. Resomi conto che sarebbe

finita così, scelsi di arrivare a quel Consiglio europeo avendo già deciso Mare Nostrum. Il messaggio era: l'Italia è il più grande paese del Mediterraneo, se non volete fare una cosa europea la facciamo noi. L'operazione è stata un successo: abbiamo salvato la vita a decine di migliaia di persone"[34].

I salvati da Mare Nostrum sono più di quanti dichiarati dal suo promotore, almeno 100.000. Questo programma navale tutto italiano evita molti lutti. Tuttavia la gloria di salvar vite costa all'erario, e inoltre in Europa si vorrebbe più *security* che *rescue.* I paesi del Nord Europa attribuiscono a Mare Nostrum la responsabilità dell'aumento dell'immigrazione sulla rotta del Canale di Sicilia. Sulla sponda Sud del Mediterraneo e in Africa, Mare Nostrum procura nobile fama umanitaria all'Italia, ma in Europa continentale lo si considera una facilitazione degli approdi illegali, mentre si constata con dispetto che l'Italia, per molti degli sbarcati, nonostante l'appena emanato terzo regolamento di Dublino prescriva il contrario, è solo terra di transito verso il Nord Europa. Dodici mesi dopo essere stato varato, il programma Mare Nostrum viene sostituito con la più modesta e rinunciataria operazione europea Triton. Quest'ultima conta un numero assai minore di mezzi navali, ed è promossa e gestita da Frontex, l'agenzia europea per il controllo delle frontiere.

L'iniziale proposito di Triton, del tutto improbabile nell'esecuzione, è rendere invalicabile la frontiera marittima dell'Unione, collocando il dispositivo navale ai limiti delle acque territoriali italiane e maltesi (un forte arretramento rispetto a Mare Nostrum che si spingeva ai limiti delle ac-

[34] E. Letta, *Integrare è possibile ma servono i soldi*, "Limes", 7, 2016, pp. 121-126, 124.

que libiche). Si vorrebbe dismettere il ruolo di ricerca e salvataggio, anche se poi è inevitabile obbedire alla legge del mare, secondo cui bisogna soccorrere chi è in pericolo[35]. Con Triton c'è più mare sguarnito, e i morti sono più che con Mare Nostrum. I natanti di fortuna dei migranti non reggono l'alto mare, sono sovraccarichi, mancano di sistemi di comunicazione, hanno scarse riserve di carburante e acqua: inevitabili i naufragi se non vengono intercettati in tempo utile. Triton ha poche navi e opera salvataggi solo di chi è già prossimo all'Europa.

Il proposito che ha guidato la chiusura del programma italiano di salvataggio, ossia limitare severamente l'immigrazione clandestina, è smentito dalle cifre: il numero dei migranti sulla rotta del Mediterraneo centrale diminuisce di nemmeno il 10%. Dalla dislocazione delle navi italiane o europee dipende la quantità dei salvati, non dei flussi, determinati piuttosto dalle instabilità sistemiche e dalle guerre che scuotono Libia, Siria, Irak, Eritrea e altri paesi. Sono "indipendenti dalla maggiore o minore umanità dei programmi di salvataggio, in quanto seguono direttamente l'evoluzione interna dei conflitti e degli eventi persecutori"[36].

Il caso di Triton esemplifica quale sia la volontà politica dell'Europa. Dichiarazioni verbali compassionevoli, all'infittirsi delle tragedie del mare, non mancano. La già citata *Agenda europea sulla Migrazione*, documento quadro del maggio 2015, afferma:

[35] Cfr. F. Vassallo Paleologo, *E l'Europa dichiarò guerra al "clandestino"*, "Limes", 5, 2015, pp. 165-170.

[36] M. Impagliazzo, *L'invasione che non c'è*, "Limes", 6, 2015, pp. 137-148, 145.

> "Nell'immediato, è imperativo il dovere di proteggere le persone in stato di necessità. La tragedia delle migliaia di migranti che rischiano la vita per attraversare il Mediterraneo ci ha sconvolti tutti [...] Queste persone vulnerabili non possono essere lasciate in balia delle reti criminali dedite alla tratta e al traffico, devono esistere modi sicuri e leciti di arrivare nell'UE"[37].

Parole d'occasione, che non si traducono in nessuna azione effettiva. Ciò che viene messo a tema nel dibattito europeo è soprattutto la tratta criminale di esseri umani. Serve a giustificare un'attitudine repressiva delle migrazioni con missioni come Triton e, congiuntamente, una politica di accordi con paesi terzi per praticare espulsioni e bloccare i flussi a monte. Si individuano nei trafficanti gli unici responsabili di un fenomeno che ha radici e dinamiche ben più ampie. Infatti, per quanto spietati e riprovevoli, i trafficanti sono soltanto alcuni dei protagonisti di un grande gioco creato da fattori epocali come instabilità geopolitiche, mutamenti demografici, globalizzazione informativa, e non da ultimo causato dalla mancanza di canali legali per emigrare o chiedere asilo. La domanda massiccia, disperata, incalzante crea l'offerta, legale o illegale che sia. E comunque gli scafisti in senso stretto, se tali vogliamo considerare quanti direttamente organizzano le traversate, sono pochi: sul traffico di esseri umani guadagnano agenti economici formali e informali, banditi certamente, ma anche poliziotti, pubblici ufficiali, autorità locali, guardie di frontiera, e poi proprietari di edifici, custodi di rifugi e magazzini, trasportatori d'ogni risma, venditori ambulanti, dispensatori di servizi a vario titolo, ecc.

[37] *Agenda europea sulla Migrazione*, cit., pp. 2 e 5.

Per Mare Nostrum, in Europa, non si provano rimpianti: l'emergenza umanitaria mediterranea appare una questione eminentemente securitaria e confinaria. Frontex, dichiara il suo responsabile Gil Arias-Fernández nel presentare Triton, "non ha tra i suoi compiti quello di ricerca e salvataggio delle persone in mare, ma di controllare le frontiere"[38]. Imperativo non è proteggere i migranti, bensì limitarne il numero, anche perché non si ha fiducia che l'Italia impedisca loro di sciamare in tutta Europa.

D'altra parte, non è facile per l'Italia controllare e trattenere centinaia di migliaia di persone con un sistema pubblico di accoglienza che prima del 2011 aveva capienza per numeri assai minori e ora moltiplica i suoi centri sul territorio, sotto il segno dell'emergenza. Inoltre, i migranti sono attenti a eludere registrazioni e trattenimenti. Harragas, dall'arabo *harraga* (bruciare), è il soprannome nordafricano dei migranti che bruciano i documenti d'identità prima d'intraprendere la rotta verso l'Europa, convinti così di sfuggire a schedature e respingimenti. Molti migranti hanno invece le dita corrose dall'acido per vanificare il tracciamento da impronte digitali. L'obiettivo è restare anonimi, fuggire dai centri d'identificazione, e risalire verso il Nord Europa, aiutati da reti di familiari o di connazionali, oppure dagli ultimi anelli della catena di trafficanti utilizzata. Dipende dall'estensione dell'ultima tratta pagata, che può comprendere anche il trasferimento da Sicilia o Calabria nel cuore dell'Europa.

[38] https://viedifuga.org/da-mare-nostrum-a-triton-ma-non-e-la-stessa-cosa/.

3. Diritti inesigibili

Torniamo al 2011-2015. Ogni ricerca di percorsi legali per i migranti delle rotte mediterranee, potenziali rifugiati cui concedere asilo, si misura costantemente con il paradossale contrasto cui s'è accennato: l'Europa è generosa e garantista nei confronti di chi fa domanda di protezione internazionale, ma tale disponibilità giuridica può essere sfruttata solo da chi si trova sul suo territorio. Le frontiere dell'Unione Europea sono blindate, se non esternalizzate, per far sì che sul suo territorio neppure s'affaccino potenziali rifugiati cui dover riconoscere asilo. Da se stessa, di rifugiati, l'Europa non ne produce sostanzialmente più dal 1989, dalla caduta del muro di Berlino. Gli stessi profughi delle guerre balcaniche degli anni Novanta hanno costituito fenomeni transitori, gestiti non senza inquietudini ma infine senza troppi affanni[39].

Ora, l'illuminata offerta di protezione internazionale è perfettamente funzionale a magnificare i valori europei nel mondo, e a presentare la UE come lo spazio planetario più attento alle libertà fondamentali e ai diritti umani. Ma a soccorrere i rifugiati, tenuti al di fuori delle frontiere, non serve, se non in dosi omeopatiche. Osserva il giurista Mirko Sossai:

> "Occorre riflettere sulle contraddizioni di un quadro giuridico europeo che per un verso espande il diritto alla protezione internazionale anche a coloro che scappano da torture e dalle guerre, ma al contempo subordina la domanda di asilo alla presenza del richiedente nel territorio europeo. In modi diversi gli Stati europei hanno posto barriere, talvolta giuridiche talvolta reali, all'accesso dei profughi alla protezione [...]

[39] Erano persone che non rinunciavano alla loro patria e, se possibile, vi facevano ritorno.

Il viaggio verso l'Europa risulta essere il prerequisito per accedere all'asilo: i richiedenti asilo possono presentare la loro domanda di protezione solo nel momento in cui si trovino sul territorio dell'Unione Europea"[40].

A quanti avrebbero bisogno di protezione internazionale, l'Unione Europea offre una larga gamma di tutele, non previste al mondo da nessun altro assetto politico. Le garanzie sono declinate secondo tre livelli decrescenti: l'asilo, la protezione sussidiaria, la protezione umanitaria (quest'ultima lasciata alle normative dei singoli Stati). Di fatto, chiunque ha alle spalle una storia di sofferenza può sperare di ottenere una qualche protezione dalle leggi europee, maggiore o minore che sia.

Generalmente la protezione internazionale offerta dagli Stati extraeuropei riguarda il solo asilo, ottenibile dopo il riconoscimento dello status di rifugiato secondo i criteri della Convenzione di Ginevra del 1951[41]. Anche l'UNHCR, che si occupa di riconoscere lo status di rifugiato ai profughi in paesi di transito, opera essenzialmente in base al dettato di Ginevra. Non senza estensioni concettuali e pratiche prodotte da aggiornamenti giuridici operati dall'ONU stesso[42].

[40] Sossai, *Canali di ingresso legale e sicuro dei migranti in Europa: il modello dei «corridoi umanitari»*, cit., pp. 77 e 81.

[41] Letti e interpretati insieme al Protocollo sullo status di rifugiato adottato dall'Assemblea Generale delle Nazioni Unite nel 1967.

[42] Nel tempo la definizione di rifugiato considerata dall'UNHCR si è allargata, recependo varie risoluzioni dell'Assemblea Generale delle Nazioni Unite e dell'ECOSOC, ricomprendendo "serious threats to life, physical integrity or freedom resulting from generalized violence or events seriously disturbing public order" (UNHCR, *Emergency Handbook*, 4th edition, *Refugee definition*, https://emergency.unhcr.org/entry/55772/refugee-definition). In tal modo l'UNHCR si è avvicinato alla estesa e articolata definizione elaborata dalla UE (su cui *infra* in questo capitolo). Cfr. anche *Mandate of the high Commissioner for refugees and his office. Executive summary*, https://www.unhcr.org/5a1b53607.pdf.

Nell'Unione Europea il quadro giuridico è più articolato. Certamente si decide la condizione di rifugiato in base alla Convenzione di Ginevra, ma questo riferimento normativo non è esclusivo. La UE ha elaborato un "Sistema comune europeo di asilo" i cui regolamenti e direttive s'ispirano a molteplici fonti del diritto umanitario internazionale e interpretano nella maniera più larga ed esaustiva possibile il principio cardine di tutta la materia dell'asilo: il *non-refoulement*. Gli Stati europei, dopo avere nel tempo individualmente aderito a vari documenti e accordi internazionali sui diritti umani, in primis la Convenzione europea sui diritti dell'uomo del 1950, hanno infine delegato all'Unione la creazione di tale Sistema e la compilazione di un relativo decalogo umanitario, che è poi la Carta dei Diritti Fondamentali del 2000, nota come Carta di Nizza, divenuta vincolante per gli Stati europei con l'entrata in vigore del Trattato di Lisbona nel 2009.

Conseguentemente, la protezione offerta dalla UE non si limita a chi possiede i requisiti previsti dalla Convenzione di Ginevra, ossia a colui che "per il timore fondato di essere perseguitato per motivi di razza, religione, nazionalità, opinione politica o appartenenza a un determinato gruppo sociale, si trova fuori dal paese di cui ha la cittadinanza e non può o, a causa di tale timore, non vuole avvalersi della protezione di detto paese..."[43]. Infatti, la UE estende il concetto di persecuzione, comprendendovi gravi forme discriminatorie in fatto di diritti umani fondamentali come, a titolo esemplificativo,

[43] Direttiva 2011/95/UE del 13 dicembre 2011 (Direttiva Qualifiche), art. 2, lett. d.

"violenza fisica o psichica, anche sessuale, provvedimenti legislativi, amministrativi o giudiziari dell'autorità discriminatori, azioni giudiziarie o sanzioni penali sproporzionate o discriminatorie, rifiuto di accesso ai mezzi di tutela giuridici e conseguente sanzione sproporzionata o discriminatoria, azioni giudiziarie o sanzioni penali conseguenti al rifiuto di prestare il servizio militare in casi che avrebbero potuto comportare la commissione di crimini gravi, atti specificamente diretti contro un genere sessuale o contro l'infanzia"[44].

Soprattutto, la protezione offerta dalla UE non si limita all'asilo. Esiste infatti una protezione sussidiaria. La si conferisce al "cittadino straniero che non possiede i requisiti per essere riconosciuto come rifugiato nei cui confronti sussistono fondati motivi di ritenere che, se ritornasse nel paese di origine [...] correrebbe un rischio effettivo di subire un grave danno"[45]. Per tale, s'intende la condanna a morte, la tortura o altri trattamenti inumani o degradanti, la minaccia proveniente dalla violenza indiscriminata in situazioni di conflitto armato[46]. La protezione sussidiaria è una sorta di asilo in tono minore, qualcosa di più fluido e meno definitivo, che può consentire alla persona protetta di mantenere il passaporto originario senza recidere i legami col paese d'origine, nella speranza di potervi un giorno ritornare[47]. Ci sono beneficiari che la preferiscono all'asilo,

[44] C. De Chiara, *L'Unione Europea e il diritto di asilo: da «Dublino» alla Turchia*, in *Vergogna ed esclusione...*, cit., pp. 91-116, 96.

[45] Direttiva 2011/95/UE del 13 dicembre 2011 (Direttiva Qualifiche), art. 2, lett. f (https://eur-lex.europa.eu/legal-content/IT/TXT/?uri=celex%3A32011L0095).

[46] Cfr. *ibidem*, art. 15.

[47] In determinati casi, la protezione sussidiaria può consentire di chiedere allo Stato italiano il titolo di viaggio in sostituzione del passaporto se per motivi fondati non si vogliono rapporti con la rappresentanza diplomatica del proprio paese di origine.

col quale perdono il primitivo passaporto allorché ricevono un documento sostitutivo equivalente che è parte delle prerogative dello status di rifugiato.

Al di là dell'asilo e della protezione sussidiaria, gli Stati della UE possono configurare nei loro ordinamenti una protezione umanitaria, vale a dire un permesso di soggiorno temporaneo per motivi appunto umanitari. Tale protezione umanitaria, variamente intesa secondo i paesi che l'adottano, può legittimare una permanenza sul territorio e impedire l'espulsione che spesso, se non tradotta in accompagnamento coercitivo nel paese di origine, vede l'interessato tramutarsi in irregolare. La protezione umanitaria esemplifica bene l'idea europea che i diritti si espandono di continuo, poiché la si motiva discrezionalmente, secondo le circostanze. Può essere ad esempio concessa in base al tempo trascorso sul territorio, all'esistenza di una famiglia, a un'integrazione sociale avviata, a figli scolarizzati e ad altri aspetti di una vita sociale ormai ben radicata che assumono valore umanitario e suscitano sentimento solidale o compassionevole. I più diversi fattori possono concorrere alla concessione di un permesso di soggiorno umanitario, dopo che una domanda di asilo è stata respinta e l'opportunità di una protezione sussidiaria non è stata ravvisata.

Come si vede, la potenziale platea degli aventi diritto a protezione internazionale è in Europa abbastanza variegata. La UE, poi, si fa dovere di attenzione e garantismo nelle procedure. Viene monitorata l'effettiva possibilità concessa ai migranti di richiedere asilo o altra protezione, anche in termini di informazione sulle loro prerogative giuridiche. Inoltre, Bruxelles esige dagli Stati membri che prevedano e consentano il diritto di ricorso contro il respingimento della domanda di protezione internazionale. Insomma, il principio di *non-refoulement* trova nella UE, a differenza di altre regioni del mondo, un'applicazione vigile. Se accadono casi di respingimenti arbitrari, vengono indagati, deplorati e nel caso sanzionati[48]. Infine, l'Europa non conosce, in tema di diritti umani, quella riserva geografica che in altri Stati viene applicata come se le protezioni internazionali fossero prerogative variabili secondo le provenienze.

Tanto avanzamento giuridico va però commisurato alla cruciale questione dell'accessibilità. Il garantismo europeo presuppone che si sia in condizione di profittarne. E senza essere fisicamente in un paese della UE, i diritti proclamati rimangono sulla carta. Nella latitanza di quelle che nel gergo dei programmi internazionali sulle migrazioni vengono chiamate "ammissioni umanitarie", le ampie tutele europee sono fruibili da pochi privilegiati. La protezione assicurata sulla carta a profughi e migranti vulnerabili si coniuga nella realtà al programmatico implacabile contrasto dell'immigrazione irregolare che però rappresenta l'unico canale attraverso cui poter giungere in Europa e domandare tale protezione.

Anche la più standard delle ammissioni umanitarie offerte dagli Stati, quella dei programmi di *resettlement* sul proprio territorio di quote di rifugiati, già riconosciuti come tali dall'UNHCR, ha sempre visto una scarsa disponibilità europea. Pressoché assente nei primi anni Duemila, viene poi introdotta con numeri assai modesti. Nel 2014 riguarda, nell'insieme degli allora 28 paesi membri della UE,

[48] Nella misura in cui esistono certezze giudiziarie: le cronache riferiscono di respingimenti illegali e violenti che avvengono in vari paesi frontalieri della UE, come Croazia, Polonia, Grecia, i cui svolgimenti sono spesso difficili a documentarsi giuridicamente.

6.550 profughi, dopo anni in cui oscilla tra 4.000 e 5.000 accoglimenti[49]. Nel giugno 2015 la Commissione Europea raccomanda il *resettlement* di 20.000 profughi nell'arco di due anni, con quote che vanno dalle 69 unità di Cipro alle 3.086 della Germania. La proposta, sgradita a parecchi paesi, viene superata dagli eventi. Pochi mesi dopo un milione di siriani giunge in Germania. È una scossa emozionale che induce i paesi maggiori della UE a prendere in maggior considerazione i *resettlement*, che interesseranno sino al 2020 circa 70.000 persone, con paesi della UE disponibili all'accoglienza e altri che non vogliono saperne. Il numero di 70.000 è comunque basso, a fronte di un numero mondiale di profughi calcolati dall'UNHCR che negli stessi anni raggiunge e supera gli 80 milioni, di cui molti in paesi mediorientali e africani non lontani dall'Europa.

Lo stesso canale dei flussi per lavoro – inevitabilmente ibrido, data la dubbia distinzione fra migranti economici e rifugiati, fra lavoratori e persone vulnerabili, e dunque comprensivo di soggetti bisognosi di tutela umanitaria – negli anni Dieci è fortemente inaridito. Senza flussi legali programmati, la necessità del visto rende irraggiungibili le frontiere europee. Il visto è un pilastro della politica di esternalizzazione delle frontiere, in quanto va chiesto alle sedi diplomatiche europee collocate nei paesi terzi. D'ordinario, tale documento è pressoché impossibile a ottenersi per un abitante di paesi di emigrazione. Né la concessione del visto da parte dei paesi europei è correlata, nella pratica, a ragioni umanitarie. Senza visto, non ci si può imbarcare su aerei o navi diretti in Europa. Sanzioni vengono com-

[49] Cfr. Eurostat, *Resettled persons – annual data* (https://ec.europa.eu/eurostat/databrowser/view/tps00195/default/table?lang=en).

minate a vettori aerei e navali qualora i passeggeri risultino privi di documenti validi per l'ingresso (*carrier sanctions*). Sono ulteriori disincentivi "esternalizzati" affinché nessun migrante o richiedente asilo approcci le frontiere europee.

Per dirla con un gruppo di giuristi olandesi:

> "La dimensione esterna della politica europea sui rifugiati è basata sulla proibizione. Il principio guida è che a rifugiati e cercatori di asilo non deve essere permesso muoversi [verso le frontiere europee]"[50].

Se l'Europa non viola, anzi ossequia di continuo il divieto di respingimento che è il basico principio giuridico della Convenzione di Ginevra, ne tradisce tuttavia lo spirito creando l'impossibilità legale dell'arrivo. È la politica della *non-entrée* che vanifica lo spirito del *non-refoulement*.

L'esternalizzazione delle frontiere europee non è una costruzione improvvisa degli ultimi anni. Accordi interstatali per frenare transiti e partenze, e per operare rimpatri e riammissioni di migranti espulsi, sono stipulati da decenni fra paesi europei e paesi di emigrazione. Ma dagli anni Novanta la materia viene sempre più comunitarizzata. In altri termini, centralizzata. Nel 1999, a Tampere, il Consiglio Europeo, cioè l'assemblea intergovernativa, afferma

> "i tre cardini dell'azione esterna dell'UE riguardo alle politiche migratorie: 1. la necessità di stringere un partenariato con i paesi di origine; 2. l'assistenza a questi ultimi e ai paesi di transito nel controllo dei confini e nella lotta ai trafficanti; 3.

[50] M. den Heijer, J. Rijpma, Th. Spijkerboer, *Coercion, Prohibition, and Great Expectations. The continuing failure of the Common European Asylum System*, "Common Market Law Review", 53, 2016, pp. 607-642.

l'urgenza di siglare accordi di riammissione per rendere effettivi i rimpatri dei migranti irregolari"[51].

La *EU Strategy for Africa*, lanciata da Bruxelles nel 2005 secondo modalità eurocentriche unilaterali, cioè senza apporto africano, s'impernia sul controllo dell'immigrazione irregolare[52]. Segue la pratica crescente di condizionare gli aiuti allo sviluppo e altre collaborazioni economiche ad accordi in materia migratoria. Non solo riammissioni, ma anche freni e ostacoli ai flussi. In questo senso la politica della UE tende a delegare a Stati terzi una parte della gestione delle proprie frontiere. Si lascia svolgere il lavoro sporco ad altri, senza voler saperne troppo, evitando eventuali censure e sanzioni da parte del Parlamento europeo e della Corte di Giustizia europea, in nome dei diritti umani.

Al di là dei numerosi ed eterogenei accordi bilaterali interstatali, sussistono il "Processo di Rabat" con i paesi dell'Africa nord-occidentale, avviato nel 2006, e il "Processo di Khartoum" con i paesi dell'Africa nord-orientale, avviato nel 2014, nonché i rapporti di vertice tra Unione Europea ed Unione Africana. Si tratta di cornici politiche in cui la UE imposta misure di controllo dei confini e di rafforzamento degli apparati di polizia degli Stati di transito dei migranti. Misure che sono al di fuori del raggio di controllo delle istituzioni parlamentari e giudiziarie europee, così da aggirare gli elevati standard europei in tema di diritti umani. Negli Stati che fungono da cuscinetto migratorio, l'Europa invia *immigration liaison officers*, attua

[51] G. Musso, *Dove finisce l'Europa? Il confine euro-africano tra esternalizzazione e politiche di sviluppo*, in *Il confine mediterraneo…*, cit., pp. 121-135, 124. Sul Consiglio europeo di Tampere cfr. http://www.europarl.europa.eu/summits/tam_en.htm#c.

[52] Cfr. F. Guazzini, *«Nessuna regione al mondo può essere una fortezza». L'Unione Africana e le sfide della mobilità*, in *Il confine mediterraneo…*, cit., pp. 137-158, 140.

programmi di *capacity building* a favore dei corpi di polizia di frontiera, crea centri di gestione delle migrazioni, offre dotazione di strumenti tecnologici e informatici, intercetta e casomai devia flussi umani, variabili per natura[53].

Intese analoghe a quelle stipulate con Stati africani esistono con paesi come Ucraina, Moldavia, Georgia. Per non dire del maxi-accordo negoziato tra 2015 e 2016 con la Turchia, che si riassume in una serie di concessioni politiche ed economiche, tra cui la dazione di 6 miliardi di euro tra 2016 e 2019[54], in cambio dell'impegno turco a trattenere sul proprio territorio 3 milioni di profughi siriani. Da menzionare, pure, l'accordo fra Italia e Libia del 2017, che riduce fortemente gli sbarchi, ma consegna di fatto masse di migranti a bande e milizie use a taglieggiare, torturare, ridurre in schiavitù, in un paese in preda all'anarchia. Come possono simili intese conciliarsi con il principio del *non-refoulement* che l'Unione Europea sostiene di onorare? L'idea abbracciata a Bruxelles è che i muri costruiti in casa, come le barriere di filo spinato dell'Ungheria, siano indecorosi e disdicevoli, ma i muri costruiti per procura all'esterno dell'Unione siano accettabili e politicamente corretti.

Il vertice eurafricano de La Valletta, nel novembre 2015, vede la UE invitare i paesi africani maggiormente coinvolti nei flussi migratori verso l'Europa. Vi si negoziano controllo dei confini, lotta alle filiere dell'immigrazione irregolare, rimpatri di immigrati irregolari fermati in Europa. In connessione a queste tematiche è creato un *EU Emergency*

[53] Riprendo qui Musso, *Dove finisce l'Europa? Il confine euro-africano tra esternalizzazione e politiche di sviluppo*, cit., pp. 126-127.

[54] I pagamenti da parte europea richiederanno più tempo, fino al 2021. Ma nel settembre 2020 la UE già pianifica nuovi versamenti finanziari alla Turchia, con orizzonte temporale fino al 2025. Interessante F. Battistini, M. Gabanelli, *Turchia: come il dittatore Erdogan usa gas e migranti per ricattare l'Europa*, "Corriere della Sera", 10 ottobre 2021.

Trust Fund for Africa finalizzato a progetti di sviluppo in funzione anti-migratoria in specifici paesi del Nord Africa, del Sahel, del Corno d'Africa. Tale Fondo, definito emergenziale benché i fenomeni migratori dipendano per lo più da fattori strutturali di lungo periodo, viene poi usato per finanziare accordi bilaterali tra UE e paesi africani "sulla base del criterio *more for more*: quanto più un governo accetta di cooperare nell'attuazione delle politiche migratorie dell'UE, tanti più fondi destinati a progetti di sviluppo potrà ottenere"[55]. Da cui si deduce che gli aiuti allo sviluppo erogati dalla UE, se inerenti a flussi migratori, non dipendono dai bisogni dei beneficiari ma dagli interessi dell'UE stessa. Ogni intervento in questa cornice tematica viene valutato sulla base dell'impatto avuto sui flussi migratori e non sulle necessità locali africane. La cooperazione è subordinata al controllo dei flussi.

Non che i risultati del vertice maltese piacciano ai leader africani, che lamentano l'assenza di canali legali per fare ingresso in Europa e criticano la gestione securitaria delle frontiere. Per loro, tale gestione alimenta i flussi irregolari ed espone i migranti africani ai più gravi pericoli. Tuttavia, alternative politiche ed economiche alla linea europea appaiono problematiche. Gli accordi proposti dalla UE ai paesi africani sono accompagnati da lusinghe finanziarie difficili da rifiutare e insieme da minacce di ritorsioni, come l'esclusione da programmi di sviluppo. Tattiche del bastone e della carota davanti a cui lo spirito d'indipendenza dei governi africani vacilla. I leader africani non sono ingenui. Avvertono le politiche europee come impositive,

[55] Musso, *Dove finisce l'Europa? Il confine euro-africano tra esternalizzazione e politiche di sviluppo*, cit., p. 129.

se non imperialistiche. Non hanno però la forza di opporsi. E hanno interesse a consentire.

In generale, l'intellettualità africana rivendica libertà di movimento per i migranti e stigmatizza "il metodo di pre-criminalizzare l'intera cittadinanza del continente come tutti potenziali migranti irregolari verso Il Mediterraneo"[56].

Parimenti l'Unione Africana critica l'agenda di Bruxelles sulle migrazioni che esternalizza la sorveglianza confinaria e scarica sulle leadership politiche africane la responsabilità di bloccare i flussi. Nel 2015 la presidente di turno della Commissione UA, Nkosasana Dlamini Zuma, proclama che "nessuna regione al mondo può essere una fortezza" e denuncia gli hotspots in Africa proposti dall'Unione Europea come "centri di detenzione". Ma poi accade che la stessa UA dipenda, per almeno metà del suo bilancio, dall'Unione Europea e da suoi membri, sicché agogna mantenere il sostegno finanziario e tecnico del Vecchio Continente. E quando Stati che fanno parte della UA rifiutano di collaborare all'approccio securitario europeo alle frontiere, subito vengono esclusi dai fondi e programmi europei per l'Africa. Viceversa, se accettano l'impostazione europea di contrasto ai flussi e di accettazione dei rimpatri, vengono premiati, anche con una politica più concessiva in materia di visti.

Ha scritto Federica Guazzini con riferimento a Stati del Nord Africa ma anche dell'Africa dell'Ovest, come il Niger, particolarmente proni alle richieste di Bruxelles:

[56] F. Guazzini, *Le politiche migratorie dell'Unione Africana: Spes contra spem?*, in *L'immigrazione in Italia da Jerry Masslo a oggi*, Guerini e Associati, Milano 2020, pp. 217-242, 236.

"[Questi governi] hanno preferito abbracciare il rinnovato impegno europeo mirato a presentare la mobilità come rischio, enfatizzando la necessità di porre limiti e di controllare rigidamente i confini. La *ratio* è assicurarsi i finanziamenti europei e le agevolazioni nell'ottenimento dei visti per i propri concittadini, ma è anche molto legata a dinamiche domestiche di potere. Questa linea politica meglio si confà con la declinazione degli interessi nazionali e delle problematiche di sicurezza; in tal modo, gli aiuti di *capacity-building* possono essere impiegati anche per le operazioni di controinsorgenza"[57].

Questa torsione esternalizzante delle frontiere europee manifesta qualcosa non solo di unilaterale, ma per l'appunto anche di distorsivo. Oltre a esigere estensioni e cessioni di sovranità, tale esternalizzazione delinea una politica africana dell'Europa tutta subordinata alla questione migratoria. I rapporti fra i due continenti sembrerebbero dipendere soltanto dai "disperati" delle rotte clandestine mediterranee. L'immensa Africa, forziere di risorse ed energie, giacimento diffuso di materie prime, ambita preda geopolitica di cinesi, indiani, statunitensi, turchi, coreani e altri extraeuropei, è vista da Bruxelles non come un possibile partner strategico, o una chance economica, ma come un incubo migratorio securitario. Nella documentazione e nell'attività della UE si rinvengono anche visioni diverse, ma sono fiaccamente implementate, restando per lo più dei buoni propositi non di rado magniloquenti[58].

[57] *Ibidem*, 234-235.
[58] Musso, *Dove finisce l'Europa? Il confine euro-africano tra esternalizzazione e politiche di sviluppo*, cit., p. 128.

L'Europa tende a ridurre ideologicamente l'Africa a sola minaccia migratoria. Ciò manifesta un forte scostamento dalla percezione africana del proprio essere, anche in ordine alle migrazioni. Lungo gli anni Dieci, suscitando retoriche dell'assedio e grida all'invasione, giunge nei paesi dell'Unione Europea un milione di africani, corrispondente allo 0,1% della popolazione subsahariana. Non solo questo milione di emigrati è appena percettibile sul totale degli abitanti dell'Europa comunitaria, ma anche costituisce una quantità residuale per un continente africano dove gli abitanti sono passati da mezzo miliardo a un miliardo tra 1990 e 2019; dove i maggiori fenomeni migratori avvengono internamente, con dinamiche sud-sud, secondo propensioni secolari; dove rifugiati e sfollati per crisi belliche, calamità naturali, persecuzioni, rasentano il 60% dell'insieme mondiale (con il 14% della popolazione del pianeta) e per la gran parte (l'80%) rimangono nei paesi limitrofi[59]; dove dilaga il fenomeno del *brain drain* di laureati che se ne vanno, o semplicemente rimangono in Occidente avendovi studiato, senza contribuire allo sviluppo dei loro paesi; e dove soltanto il 12% dei flussi migratori verso l'esterno è rivolto all'Europa[60].

[59] Secondo i dati forniti da *Global Trends. Forced Displacement in 2015*, annuale rapporto dell'UNHCR, tra i dieci paesi col maggior numero di rifugiati ve ne sono cinque africani (Etiopia, Kenya, Uganda, R.D. Congo, Ciad) e nessun europeo (nei rapporti annuali successivi figurerà la Germania). Cfr. https://www.unhcr.org/statistics/unhcrstats/576408cd7/unhcr-global-trends-2015.html.

[60] S'intendono i flussi migratori dalla regione subsahariana, non da un'Africa comprensiva del suo Nord a impronta araba.

2

ORIGINE DEI CORRIDOI

1. Cuore mediterraneo

I corridoi umanitari sono un'intuizione della Comunità di Sant'Egidio. Impegnata dagli anni Settanta sul fronte dell'immigrazione in Italia, la Comunità assiste in prima linea al trasformarsi del Mediterraneo centrale in un cimitero per migranti. I suoi operatori fanno base a Lampedusa, dove monitorano i sistemi di salvataggio e asilo, assistono i migranti all'arrivo, vedono i sacchi con i corpi dei morti in mare, analizzano le operazioni navali italiane ed europee che si susseguono con ingaggi e destini alterni. Al tempo stesso, s'interrogano sul da farsi, immaginando possibili canali d'ingresso in Europa che evitino tanti lutti. Canali legali naturalmente, non ottenibili altro che da un'interpretazione innovativa delle normative vigenti o dalla loro revisione.

Sant'Egidio è convinto che le migrazioni verso l'Europa siano inarrestabili. Troppo evidenti i fattori di attrazione della civiltà europea, così come i livelli d'invivibilità di molti dei luoghi di origine. Tuttavia i flussi possono essere indirizzati e guidati. Possono essere gestiti in maniera umana. Possono prefigurare integrazioni non traumatiche per i migranti, nonché vantaggiose, socialmente ed economicamente, per i paesi d'accoglienza. Quali norme giuridiche consentirebbero di giungere in Europa entro percorsi migratori legali, evitando che ci si rivolga ai trafficanti per attraversare fortunosamente il mare? La legislazione europea è scandagliata e studiata in cerca di soluzioni.

Promuovere le migrazioni non è un obiettivo di Sant'Egidio. Non sta nel suo Statuto e tanto meno nel suo DNA culturale. L'ideale, affidato ai tempi lunghi della storia, sarebbe arrivare a zero sbarchi, colmando nel mondo ogni deficit di saggezza politica, sviluppo sostenibile, operatività pacificatrice, attività umanitaria, fino a rendere il migrare un'attività residuale. L'Africa subsahariana è costellata di gruppi autoctoni di Sant'Egidio che insistono sul dovere patriottico di non emigrare per non depauperare e condannare al sottosviluppo i propri paesi. Da sempre, emigrare è un dramma, un azzardo, e non a caso sono gli individui più giovani e forti a tentare questa sorte. Sant'Egidio chiede ai giovani africani di desistere dall'illusoria prospettiva dell'altrove, per impegnarsi in patria a costruire un futuro per sé e per i più deboli. Come scrive nel 2015 il suo presidente, Marco Impagliazzo, col pensiero a Nigeria, Eritrea e Siria, Sant'Egidio non considera utopico

> "un mondo in cui i cristiani possono recarsi alla funzione domenicale senza timore di essere attaccati e uccisi; dove i giovani non siano obbligati a prestare servizio militare a vita in regioni desertiche, puniti con la morte in caso di diserzione; dove cessino i bombardamenti quotidiani che stringono la popolazione civile, musulmani e cristiani, nella morsa morta-

le tra truppe del regime e gruppi armati più o meno avvelenati dal neo totalitarismo islamico"[61].

Una Nigeria senza terrorismo, un'Eritrea democratica, una Siria pacificata non produrrebbero masse di migranti. Aggiunge Impagliazzo:

> "Non sono certo i soggetti con sensibilità sociale – quelli spesso tacciati di buonismo – a compiacersi degli sbarchi. La cronaca giudiziaria ha mostrato chi ha interesse a che il popolo dei barconi continui a ingrossarsi: alcune imprese cooperative e non, abituate a lavorare sull'emergenza, allergiche a regole e bandi; quegli imprenditori che brindano ai terremoti, alle alluvioni, alle catastrofi improvvise"[62].

Preso atto della ineluttabile realtà migratoria, la realizzazione dei corridoi umanitari mira a ridurne la drammaticità, in anni in cui le notizie di persone morte in mare sono continue. Tuttavia la loro creazione, spronata in senso contingente dai naufragi e degli annegamenti, è anche debitrice di una storia e di una geografia. Proviene da un interesse coltivato da Sant'Egidio per la convivenza dei popoli mediterranei, con viaggi, incontri, scambi e relazioni di decenni nel quadrante Est dell'antico Mare Nostrum, specie nell'intricato mondo di popoli e religioni che caratterizza il Medio Oriente, tra paesi multietnici e multiconfessionali come Libano, Siria, Turchia, Israele, Egitto.

Quasi dalle sue origini, dai primi anni Settanta, Sant'Egidio è attratto dalla complessità di questo mon-

[61] Impagliazzo, *L'invasione che non c'è*, cit., pp. 145-146.
[62] *Ibidem*, p. 146.

do, crogiuolo di mescolanze etniche prodotte da grandi imperi del passato. Ma anche oggi, nel bacino del mar Mediterraneo, letteralmente "mare tra le terre", s'affaccia una varietà di ventidue Stati e nazioni. Si tratta di un'area del mondo dove il convivere tra diversi rappresenta un'arte essenziale della vita, che non si possiede in maniera naturale. Sempre occorre una scelta esistenziale, una fatica antropologica, una memoria condivisa quando ciascuno vorrebbe avere una storia appagante la propria parte. L'albero mediterraneo per eccellenza, l'olivo, simboleggia la pace ma anche, nel tronco tortuoso, le sofferenze di un mondo complicato. Comunque sia, nello spazio mediterraneo resistono società plurali nonostante le *reductio ad unum* dei nazionalismi importati dall'Europa continentale.

I corridoi umanitari non provengono dall'Europa dell'euro, da palazzi brussellesi, da latitudini temperate, da illuminati decisori politici, bensì da passioni mediterranee. Dietro di essi risaltano vite e amicizie a Istanbul, a Beirut, a Damasco, ad Aleppo, al Cairo… Gli stessi luoghi coinvolti poi a vario titolo, negli anni Dieci, nei grandi flussi verso l'Europa di masse di migranti e profughi, non solo mediorientali, ma anche africani e asiatici.

Testa e cuore di Sant'Egidio stanno parecchio fra Roma e il Levante. Dinanzi alla linea europea, cioè all'impeccabile garantismo nella protezione internazionale contraddetto da una sostanziale inesigibilità, Sant'Egidio ricorre a radici e sensori mediterranei, per capire come ovviare a questo doppio registro. Alcuni precedenti storico-geografici, nella vicenda di Sant'Egidio, prefigurano l'ideazione di canali umanitari per trasferire e accogliere gruppi di persone bisognose di protezione internazionale.

2. Corridoi prima dei corridoi

Nel settembre 1983 la guerra civile in corso in Libano s'allargava a un nuovo fronte, quello dello Chouf, la montagna sopra Beirut, dove s'affrontavano cristiani e drusi. Sant'Egidio, in amicizia con il patriarca cristiano melchita Maximos V Hakim, lo aveva invitato a Roma insieme al capo dei drusi, Walid Jumblatt. I due avevano concordato una parziale tregua. Duemila prigionieri cristiani erano stati liberati. Ma c'erano anziani profughi che avevano perduto la casa e non potevano ritornare ai propri villaggi. Sant'Egidio ne aiutò alcuni a uscire dallo Chouf e li accolse in Italia[63], dopo una trattativa con il governo italiano che all'epoca concedeva lo status di rifugiato solo a persone provenienti dai paesi dell'Est Europa. Si trattava di 33 persone, alcune delle quali ritorneranno in Libano con la pace, altre emigreranno presso parenti in USA e Canada, altre trascorreranno la loro terza età in Italia. Una vicenda limitata, forse, sotto il profilo numerico e politico, ma non sotto il profilo umanitario.

Una sorta di nuovo corridoio interessò nel settembre-ottobre 1986, in tutt'altro scenario, un gruppo di 150 profughi iracheni, di confessione cristiana caldea, giovani uomini e famiglie con bambini, che fuggivano dall'Irak in guerra contro l'Iran. Uomini in maggioranza, ma anche donne e bambini. Erano perseguitati dal regime di Saddam Hussein, che specificamente nel conflitto con Teheran li sa-

[63] Cfr. *A Roma i primi profughi dagli orrori del Libano*, "Corriere della Sera", 13 gennaio 1984; *Con il volo da Beirut i profughi della speranza*, "L'Unità", 13 gennaio 1984; *Primo giorno romano dei profughi libanesi. «Si dorme male senza il rombo dei cannoni»*, "Corriere della Sera", 14 gennaio 1984; *Una casa e un lavoro a Roma per i profughi dal Libano*, "Famiglia Cristiana", 29 gennaio 1984.

crificava. Nell'esercito iracheno i soldati cristiani venivano impiegati nelle prime linee in maniera molto più intensa di quelli musulmani, molti dei quali erano sciiti e potevano manifestare dei cedimenti negli scontri con i combattenti iraniani, sciiti anche loro. La minoranza cristiana era deprezzata in Irak e anche per questo le vite dei soldati cristiani valevano meno: pur costituendo il 7% della popolazione, i cristiani avevano il 15% dei caduti in guerra.

Questi profughi iracheni si trovavano sulle montagne di confine tra Irak e Turchia, in zone curde, sperando che le autorità turche dessero loro riparo provvisorio, con l'intenzione di svolgere le pratiche per emigrare definitivamente in Nord America. Fossero tornati indietro, avrebbero rischiato di essere messi a morte. Ankara, tuttavia, non aveva intenzione di accoglierli. Sant'Egidio aveva saputo della vicenda da amici nella cittadina turca di Mardin, un tempo roccaforte del cristianesimo anatolico, e decise d'inviare una missione umanitaria per favorire la discesa in sicurezza dalle montagne di confine in terra turca. Occorreva convincere Ankara a non rigettare in Irak i profughi caldei e al tempo stesso persuadere il governo italiano a derogare dalla clausola di riserva geografica sui richiedenti asilo, o quantomeno a permettere un transito in Italia in attesa della definitiva emigrazione oltreoceano. Più volte respinti dai turchi oltre frontiera, da settimane il gruppo di iracheni vagava sulle montagne senza poter né procedere avanti né tornare indietro. Di giorno si nascondeva per timore di mezzi aerei iracheni, di notte cercava cibo e acqua, dormiva all'aperto, soffriva la fame.

A Roma, intanto, s'era riusciti a persuadere i due ministeri interessati, Esteri e Interno, a lasciar venire in Italia il gruppo, comunicando alle autorità turche la disponibilità italiana ad accogliere gli iracheni per il periodo necessario a verificarne lo status di rifugiati, eccependo alla clausola di riserva geografica. S'apriva un lungo negoziato, complicato dal tentativo turco di sostituire i fuggiaschi con altri iracheni cristiani da tempo presenti in Turchia. Al momento non c'era contatto con il gruppo dei 150, essendo stato respinto dai turchi sulle montagne verso l'Irak. Ciò favoriva il tentativo di sostituzione. Sant'Egidio iniziava una missione nelle impervie aree di confine fra Turchia e Irak, riuscendo infine a rintracciare il gruppo. Tuttavia il governo turco sosteneva di averlo già ripetutamente espulso e non voleva smentire le sue decisioni. L'inattesa disponibilità italiana ad accogliere quella particolare categoria di profughi era, agli occhi delle autorità di Ankara, un'occasione per ridurre il numero di rifugiati iracheni cristiani già presenti in Turchia. In ambasciata italiana, a una scrupolosa analisi delle liste presentate dai turchi, che sostenevano trattarsi dei 150 delle montagne, registrati nel corso di precedenti respingimenti, ci si accorse che i nominativi non corrispondevano e addirittura parecchi appartenevano a iracheni già emigrati in paesi extraeuropei. La missione di Sant'Egidio aveva censito il gruppo non appena lo aveva rintracciato sulle montagne e poteva esibire i giusti nominativi delle persone da trasferire in Italia. Le liste con i nomi sono qualcosa di decisivo in guerre, respingimenti, deportazioni, persecuzioni.

Lo stallo negoziale con i turchi fu risolto da una visita ufficiale ad Ankara del ministro dell'Interno italiano, Oscar Luigi Scalfaro[64]. Tra novembre e dicembre 1986, a scaglio-

[64] Parte del successo del salvataggio del gruppo di profughi iracheni si deve al prefetto Antonio Lattarulo, all'epoca Capo di Gabinetto del Ministero dell'Interno retto da Scalfaro.

ni, dopo tappa a Istanbul, i caldei giungevano in Italia. Nei mesi successivi all'arrivo, con un accertamento effettuato sulle diverse situazioni individuali, la Commissione paritetica di eleggibilità del governo italiano e dell'Alto Commissariato delle Nazioni Unite riconosceva a tutti i caldei iracheni condotti nei mesi precedenti in Italia la qualifica di rifugiato ai sensi della Convenzione di Ginevra. Ospitati da Sant'Egidio nei pressi di Roma, dopo una permanenza media di tre anni, uno dopo l'altro emigrarono negli Stati Uniti e soprattutto in Canada, unendosi alla diaspora che li aveva preceduti. A questo fine, Sant'Egidio svolse varie missioni in Canada per organizzare il reinsediamento. Fu l'occasione per conoscere e praticare il sistema canadese della sponsorship: un know-how che un quarto di secolo dopo, nel 2015, avrebbe contribuito alla progettazione dei corridoi umanitari.

Presto la storia di questo gruppo di profughi si diffondeva tra altri iracheni cristiani fuggiti dall'Irak, che non erano riusciti a entrare in Turchia ed erano ripiegati in Iran. Da alcuni di loro, nell'aprile 1987, Sant'Egidio ricevette formale richiesta d'aiuto per uscire dal paese. Attivate le stesse procedure amministrative usate per il gruppo precedente, una quarantina di loro poteva venire dall'Iran in Italia, non senza farsi latore di una missiva collettiva che segnalava il caso di altri tremila iracheni cristiani rifugiatisi in Iran, disperatamente ansiosi di lasciare il paese dove languivano in campi profughi. Qui i loro nuclei familiari erano stati separati, gli uomini posti in isolamento, le donne esposte a violenze d'ogni genere, e tutti soffrivano delle condizioni di ambienti paludosi e malsani, specie bambini e anziani che soccombevano per la malaria.

Cosa fare? Quali procedure legali attivare? I numeri non erano piccoli. Il precedente che veniva alla mente era quello dei boat people vietnamiti, salvati da missioni navali pochi anni prima, ma era tutt'altro contesto geografico e politico[65]. Programmi di *resettlement*, allora, non esistevano in Europa, gli unici attivati erano nei paesi nordamericani. Il primo passo era in ogni caso la verifica delle informazioni ricevute. Chi erano i tremila confinati nei campi iraniani? Attraverso canali formali e informali si controllarono e arricchirono gli elementi anagrafici ricevuti per verificare le possibili eleggibilità allo status di rifugiato, i livelli d'istruzione, le lingue conosciute, le precedenti esperienze lavorative, le reti parentali all'estero, nonché i motivi della fuga dall'Irak. Raccolti dati certi, Sant'Egidio fece da tramite con organismi e soggetti internazionali che, a vario titolo, potevano favorire un reinsediamento fuori dall'Iran. New York e Ginevra, sedi delle Nazioni Unite e dell'UNHCR, ma anche di altre organizzazioni del sistema multilaterale, erano mèta continua. Di nuovo il Canada veniva individuato come il paese più disponibile ad accogliere profughi cristiani iracheni. Nella primavera 1988 alcune missioni in Canada individuavano numerosi sponsor, interloquendo con

[65] Una missione umanitaria italiana composta da tre unità della marina militare, gli incrociatori Andrea Doria e Vittorio Veneto e la nave di appoggio Stromboli, nel luglio e agosto del 1979 perlustrò il tratto di mare compreso tra le coste thailandesi del golfo di Siam, la Malesia e le isole Anambas (Indonesia) per recuperare profughi vietnamiti in fuga dal loro paese. Si trattava di boat people spesso anche respinti al largo da paesi dell'area. Il primo salvataggio avvenne il 26 luglio, quando le tre navi incrociarono una motovedetta malese che stava riportando al largo quattro imbarcazioni di profughi precedentemente approdate. In una settimana furono tratti in salvo 903 profughi. Le navi fecero rientro in Italia il 21 agosto. Per un inquadramento generale della vicenda cfr. Nghia M. Vo, *The Vietnamese Boat People, 1954 and 1975-1992*, McFarland, Jefferson N.C. 2006; sull'intervento italiano, C. Marroni, *Missione Vietnam: 40 anni fa il salvataggio*, "Il Sole24 Ore", 3 luglio 2019; V. Grienti, *1979: quando l'Italia salvava i "boat people"*, "Avvenire", 15 agosto 2019.

il governo di Ottawa. Il processo era avviato. Per ogni rifugiato, in applicazione del *Refugee sponsorship program* del governo canadese, lo sponsor doveva garantire la completa copertura finanziaria per un anno, assicurando vitto, alloggio, abbigliamento, cure sanitarie. In aggiunta, Sant'Egidio chiedeva un impegno per l'integrazione nella struttura sociale locale, per l'inserimento lavorativo, per la migliore utilizzazione dei servizi locali, e soprattutto chiedeva disponibilità a contatti interpersonali costanti che accompagnassero il processo d'integrazione.

Un migliaio di profughi poteva raggiungere rapidamente il Canada. Interessante la procedura seguita, parzialmente ripresa ventisette anni dopo nell'ideazione dei corridoi umanitari. Il trasferimento di ogni profugo era preceduto da una richiesta nominativa presentata all'ambasciata canadese nella capitale iraniana, corredata dalla formale disponibilità dello sponsor; seguiva l'intervista da parte degli addetti consolari che valutavano la coerenza con i criteri di concessione dello status di rifugiato, ma anche le chances d'integrazione dei richiedenti.

Sul finire del 1988, la normativa canadese sui programmi di sponsorship diveniva più rigida e si rendeva necessario differenziare i paesi di destinazione dei profughi iracheni. Si rese necessaria una sorta di diplomazia umanitaria per far sì che il Dipartimento di Stato USA ricomprendesse gli iracheni cristiani fra le categorie dei gruppi umani a rischio nel mondo e li introducesse nei programmi nazionali d'immigrazione. Nel 1989 e 1990, grazie soprattutto all'accoglienza offerta dagli Stati Uniti (ma anche, in misura minore, da Australia e Nuova Zelanda), gli iracheni potevano lasciare i campi iraniani, sino a esaurimento del loro numero.

Le vicende degli anziani libanesi e dei profughi iracheni rivelavano, negli anni Ottanta, i limiti della clausola di riserva geografica nell'asilo italiano[66]. Persone in pericolo, vulnerabili, oggetto di persecuzione, non potevano fruire di strumenti legali per ottenere protezione e asilo direttamente dall'Italia. Ipoteticamente, all'epoca, avrebbero potuto farvi ingresso come semplici turisti, col rischio di rimanere senza tutele prolungando il soggiorno, e finendo in condizione d'irregolarità. Prima del 1990, gli unici rifugiati che l'Italia riconosceva come tali, cui dare protezione internazionale, erano quelli provenienti d'oltrecortina, dall'Europa orientale comunista. Tale era la riserva geografica con

[66] La rilevanza della vicenda di questi rifugiati libanesi e iracheni discende non tanto dai numeri quanto dal contesto, ovvero dalle dimensioni sino a quel momento assunte in Italia dall'accoglienza ai rifugiati. Una prima rappresentazione del fenomeno, allorché le conoscenze statistiche erano ancora approssimative e poco comparabili tra i diversi paesi europei, è possibile desumerla dal rapporto sul diritto d'asilo presentato al Parlamento europeo, nel gennaio 1987, da Heinz Oskar Vetter, a nome della Commissione giuridica e per i diritti dei cittadini. In esso, i flussi delle domande presentate ai paesi europei collocano l'Italia, unico paese mantenitore di una clausola di riserva geografica, in posizione marginale. Il rapporto indica in 15.000 il numero complessivo di rifugiati che l'Italia aveva riconosciuto in oltre trent'anni, dacché nel 1954 aveva sottoscritto la Convenzione di Ginevra. Inoltre, segnala un consistente rigetto delle domande di riconoscimento dello status di rifugiato. Ad esempio, nel 1985 ne erano state accolte, ai sensi della Convenzione, solo 225 su 4.093. Nello stesso anno, in Italia, 600 richiedenti asilo su 1.327 erano stati posti "sotto mandato" da parte dell'UNHCR, segno di un'attitudine più generosa. Ratificando nel 1954 la Convenzione di Ginevra, l'Italia adotta, unico paese europeo, una doppia clausola di riserva. Una prima, temporale, rendeva riconoscibile come rifugiato solo chi avesse subito persecuzioni successivamente al 1° gennaio 1951; sarà rimossa con la ratifica del Protocollo di New York del 1967 che eliminava alcune limitazioni della Convenzione, con effetti dal 1972. Una seconda, geografica, applicava la Convenzione solo nei riguardi di europei, laddove gli unici profughi del continente provenivano da paesi del blocco sovietico. La clausola di riserva geografica si mantenne dalla ratifica del 1954 sino alla legge Martelli (28 febbraio 1990). Fino a quel momento, conseguenza della clausola era stata la creazione di un sistema duale tra gli stranieri riconosciuti come rifugiati, divisi tra quelli "sotto Convenzione" o *de jure* e quelli "sotto mandato" o *de facto*. La prima categoria beneficiava di uno status legale, attribuito da una Commissione paritetica composta da funzionari dell'UNHCR, del Ministero degli Affari Esteri e del Ministero dell'Interno. La seconda beneficiava di tolleranza in relazione a una transitoria permanenza sul territorio italiano, per rispetto verso l'UNHCR che ne certificava il bisogno di protezione: si concedeva il soggiorno in attesa di emigrazione definitiva, intendendo l'Italia come un paese di transito. Sulla storia del diritto d'asilo in Italia cfr. N. Petrović: *Storia del diritto d'asilo in Italia (1945-2020). Le istituzioni, la legislazione, gli aspetti socio-politici*, FrancoAngeli, Milano 2020.

cui l'Italia aveva aderito alla Convenzione di Ginevra del 1951 che definiva internazionalmente il diritto d'asilo. Nel tempo, si sarebbero avute rare eccezioni, per eccezionali motivi umanitari che muovevano la volontà politica: qualche afgano con il deposto re Mohammed Zahir Shah nel 1973, 600 cileni dopo il golpe di Pinochet dello stesso 1973, un migliaio di *boat people* vietnamiti e cambogiani a fine anni Settanta, piccoli gruppi di ghanesi e palestinesi, fino ai libanesi e agli iracheni accolti da Sant'Egidio.

Vero è che in Italia i richiedenti asilo non europei, esclusi dalla protezione "sotto convenzione" (di Ginevra), potevano aspirare alla protezione "sotto mandato", s'intende da parte dell'Alto Commissariato delle Nazioni Unite per i Rifugiati (UNHCR), che però era un riconoscimento giuridicamente debole, con sussidi minimi, sorta di simbolico e breve sostegno per un transito in attesa di un paese di accoglimento definitivo[67].

Si è ormai persa memoria della limitazione che rendeva incompleta l'adesione italiana alla Convenzione di Ginevra. Dalla legge Martelli del febbraio 1990 l'Italia concede asilo, o altre protezioni internazionali, senza più guardare alla provenienza dei richiedenti, purché se ne abbia titolo ai sensi della Convenzione di Ginevra o della successiva disciplina del diritto derivato europeo in materia di protezione internazionale. Prima di tale legge, libanesi e iracheni di cui sopra non potevano, in linea di principio,

[67] Si era creata una prassi che ammetteva, tra incertezze e contraddizioni, una qualche forma di tutela per chi era escluso dalla riserva geografica ma era manifestamente bisognoso di protezione, e non senza diritto a vedersi applicato il principio di non respingimento espresso dall'art. 33 della Convenzione di Ginevra. Chi veniva escluso dall'asilo italiano poteva chiedere e ottenere la protezione dell'UNHCR, venendo posto "sotto mandato" della sua Delegazione in Italia, con tanto di certificazione, di sostegno sanitario e talvolta economico. Le questure, pur non vincolate da disposizioni di legge, rilasciavano un permesso di soggiorno temporaneo con la dicitura "attesa emigrazione", eccezionalmente rinnovabile.

essere accolti in Italia. La clausola di riserva geografica li escludeva. Occorreva una deroga alle normative. L'insistenza di Sant'Egidio presso le autorità politiche italiane aprì un varco nella riserva geografica, facendo leva sullo stato di guerra e sulle discriminazioni da cui si fuggiva. Gli scrupoli legali furono superati. Due corridoi umanitari vennero realizzati, in qualche modo anticipando quelli impiantati nel 2015. Ulteriore analogia con quanto accade con i corridoi umanitari di oggi, i libanesi e gli iracheni cui sarebbe stata offerta protezione internazionale non erano ancora sul territorio europeo. In certo senso, l'asilo andava loro incontro, proprio perché se ne riconosceva, in spirito umanitario, il grave stato di vulnerabilità.

3. Jerry Essan Masllo

Con ogni probabilità, nel corso degli anni Novanta il superamento della clausola di riserva geografica sarebbe sopraggiunto comunque, a causa del processo di allineamento italiano alle normative Schengen in materia di profughi e frontiere. Ma la storia non si fa solo dall'alto. Un grave episodio di cronaca indusse a considerare maturi i tempi per cambiare la legislazione sui rifugiati: l'omicidio di Jerry Essan Masllo a Villa Literno, il 24 agosto 1989. La vicenda è nota: la copiosa letteratura sulla storia dell'immigrazione in Italia vi fa puntualmente riferimento[68]. La morte di

[68] Premesso che la generalità degli autori trascrive erroneamente il nome di Masllo con Masslo, si veda, a mero titolo esemplificativo, quanto scrivono studiosi come Luca Einaudi ("L'omicidio Masslo permise di alzare il livello dell'attenzione politica per una riforma di più ampia portata [...] fu la scintilla che mise in moto il governo alla fine dell'estate del 1989 e lo costrinse ad agire velocemente. Non si trattava del primo omicidio di cui si sospettava o si conosceva l'origine razziale, né del primo atto di razzismo. I due anni precedenti erano stati

questo immigrato sudafricano segna uno spartiacque, un prima e un dopo nella condizione straniera in Italia. Ci si accorge dell'esistenza degli extracomunitari, come li si definiva dal 1986, e si comprende di non essere più un paese di emigrazione bensì d'immigrazione. I saldi migratori s'erano invertiti già nei primi anni Settanta, ma senza che molti se ne fossero accorti. Negli anni Ottanta s'era guardato al "lavoro straniero" come a un fenomeno provvisorio.

Ma come può il singolo episodio di Villa Literno indurre l'opinione pubblica italiana a percepire che il paese va allineandosi agli altri Stati europei come mèta migratoria dal Sud del mondo?

Jerry (Jeremiah) era nato a Oumtata in Sudafrica il 4 dicembre 1959 in uno dei bantustan per neri. Figlio di contadini, si sposa giovane e ha tre figli. Durante una manifestazione non autorizzata, il suo primogenito, di sette anni, viene

caratterizzati da una molteplicità di episodi di quel tipo, tanto da portare alla nascita di una Commissione parlamentare d'inchiesta nel 1988. Si trattava però della goccia che faceva traboccare il vaso perché Masslo era una figura nota nel mondo dell'associazionismo e dei sindacati e non un nome sconosciuto, senza viso e senza storia...", *Le politiche dell'immigrazione in Italia dall'Unità a oggi*, Laterza, Roma-Bari 2007, pp. 136 e 141), Stefano Allievi ("... la morte di Jerry Masslo, fu davvero significativa. Da persona che già allora si occupava, dal punto di vista di una realtà di base, di questi problemi, lo ricordo con chiarezza: fu la presa di coscienza sentita, allargata, profonda, di una realtà che stava davvero diventando seria, e problematica", *La trappola dell'inerzia. L'Italia di fronte all'immigrazione*, in *L'immigrazione in Italia da Jerry Masslo a oggi*, cit., pp. 43-65, 43); Michele Colucci ("La morte [di Jerry Masllo] è entrata nella storia dell'Italia contemporanea e sappiamo molto su ciò che avvenne dopo che fu ucciso: manifestazioni locali e nazionali, una nuova legge sull'immigrazione, la diffusione di una coscienza antirazzista...", *Storia dell'immigrazione straniera in Italia. Dal 1945 ai nostri giorni*, Carocci, Roma 2018, p.12); Valerio De Cesaris ("L'omicidio di Jerry Essan Masslo sembrò subito segnare una svolta nella storia dell'immigrazione in Italia: tutti i giornali e le TV nazionali ne parlarono, s'iniziò a riflettere sul razzismo e vi fu un'attenzione senza precedenti verso i lavoratori stranieri [...] Dopo l'omicidio Masslo gli immigrati iniziarono a fare notizia. Uscirono dall'ombra [...] Il caso Masslo fece da volano alla stesura della prima legge organica sul tema, la legge Martelli", *Il grande sbarco. L'Italia e la scoperta dell'immigrazione*, cit., pp. 41 e 46); Donato Di Sanzo ("... una vicenda fu letteralmente in grado di sconvolgere, sul finire del decennio [gli anni Ottanta], la storia d'Italia e di 'innescare i fuochi' di una mobilitazione sociale e politica capace di reclamare e ottenere nuove leggi e nuovi diritti per gli immigrati. Si trattò dell'assassinio di Jerry Essan Masslo [...] La sua vicenda impresse un ritmo nuovo e serrato alla storia dell'immigrazione in Italia", *Braccia e persone. Storia dell'immigrazione in Italia ai tempi di Jerry Masslo (1980-1990)*, Claudiana, Torino 2020, p. 11).

ucciso dalla polizia e il padre viene arrestato, per scomparire poi dopo un interrogatorio. Jerry diventa un ricercato e fugge dal Sudafrica. Prima con il fratello, nascosti in una nave, successivamente da solo. Viene sbarcato in Nigeria dove acquista un biglietto aereo vendendo gli ultimi effetti personali. Il 2 marzo del 1988 arriva a Roma. Chiede asilo all'aeroporto di Fiumicino. Resterà un mese nell'area di transito dell'aeroporto: la clausola di riserva geografica impedisce che la sua domanda venga accettata. Amnesty International, cui Jerry si rivolge, coinvolge l'UNHCR che lo riconosce rifugiato internazionale sotto il proprio mandato e in una trattativa con il Ministero dell'Interno gli ottiene il permesso di entrare in Italia. Jerry è dunque riconosciuto rifugiato dall'UNHCR, e non dall'Italia, paese di permanenza transitoria in attesa di un visto per emigrare altrove. La sua situazione è simile a quella di molte migliaia di rifugiati che hanno popolato l'Italia negli anni Ottanta, riconosciuti come tali dalle Nazioni Unite ma non dal governo di Roma. Sono profughi generalmente diretti in USA, Canada o Australia. Non a caso, l'ambasciata statunitense a Roma era il riferimento per tutte le pratiche migratorie di profughi da Africa e Medio Oriente. Il permesso di soggiorno temporaneo rilasciato a Jerry dallo Stato italiano si motiva con la dicitura: "attesa emigrazione". Jerry, in effetti, vorrebbe raggiungere il Canada e chiamarvi la famiglia nel frattempo rifugiatasi in Zambia.

Uscito dall'aeroporto, Jerry diventa ospite della Comunità di Sant'Egidio a Roma, in una nuova foresteria per migranti denominata "La Tenda di Abramo"[69], la cui inaugurazione lo vede in prima fila. Per l'occasione, frater-

[69] Questa casa, nel nome di Abramo "padre di tutti i credenti" delle tre religioni monoteiste, accoglieva migranti provenienti da ogni parte del mondo, senza distinzioni di etnia e religione.

nizza con un ospite d'eccezione proveniente dal suo paese, l'arcivescovo anglicano Desmond Tutu, premio Nobel per la pace, giunto a tagliare il nastro, e non si capisce chi dei due sia il più sorpreso e commosso della coincidenza. Jerry ha modi schietti e amichevoli che gli guadagnano molti amici. Nota con stupore che sta legando con dei bianchi, con i quali mangia, passeggia, parla e discute. Testimonia volentieri il dramma del Sudafrica piagato da razzismo e apartheid. Ha spirito religioso. Nelle settimane trascorse in aeroporto s'era fatto dare una Bibbia in inglese e la leggeva di continuo. Un brano ben sottolineato era Esodo 6,6: "Pertanto dì agli israeliti: io sono il Signore, vi sottrarrò ai lavori forzati degli Egiziani, vi libererò dalla loro schiavitù e vi riscatterò con braccio teso e con grandi castighi". Jerry credeva alla liberazione dalla schiavitù del razzismo e dall'apartheid, e alla promessa di un riscatto. Dopo la morte, tra i pochi oggetti personali restituiti a Sant'Egidio, sua provvisoria famiglia, spiccava questa Bibbia[70]. Sul frontespizio il suo nome completo, Jeremiah Essan Masllo.

In attesa di un visto per il Canada, Jerry frequenta la scuola di lingua italiana e la mensa popolare di Sant'Egidio. Partecipa altresì ai riti della chiesa battista di San Lorenzo in Lucina. Il tipo di permesso di soggiorno ricevuto non gli consente di lavorare, malgrado la prevedibile permanenza in Italia di qualche anno prima di ricevere il visto desiderato. Jerry voleva mandare del denaro alla famiglia rimasta in Sudafrica. In Italia c'era carenza di manodopera stagionale nell'agricoltura. Come già aveva fatto nel 1988, nell'estate

[70] Oggi custodita nella chiesa di Sant'Egidio in Roma, nell'altare laterale di sinistra, assieme ad altre Bibbie in diverse lingue.

1989 si reca con amici del Sud Sudan e del Ghana, suoi compagni alla Tenda di Abramo, a Villa Literno, in Campania, per la raccolta dei pomodori. Qui i tanti braccianti africani vivono in condizioni disumane, in casupole senza acqua né luce, distanti dal paese.

Il 24 agosto, con le paghe di fine stagione ormai in tasca, Jerry e i suoi amici vengono aggrediti, di notte, da quattro giovani del luogo intenzionati a rapinarli. Incappucciati e armati, secondo le testimonianze dei presenti. Jerry si oppone, gli aggressori sparano e lo uccidono, mentre due suoi amici sono feriti[71].

Numerosi stagionali africani erano stati assassinati da malavitosi nella provincia di Caserta, ben nove nel solo anno 1989 sino allora trascorso, sullo sfondo dello sfruttamento illegale della loro manodopera. Ma le loro storie non avevano attirato attenzione[72]. Per Jerry è diverso. Non solo per l'efferatezza del delitto, comunque simile ad altri precedentemente avvenuti. Il fatto è che degli italiani lo conoscono bene, possono raccontare la sua storia, mostrare foto in cui sorride sereno. Non è una morte anonima, che fa solo dato statistico, come avviene per tanti altri immigrati. I comunicati stampa di Sant'Egidio, nelle ore successive alla notizia del crimine, spiegano chi era Jerry: un resistente all'apartheid, militante dell'African National Congress di Mandela, che sfuggiva il razzismo e in Italia ne era di nuovo vittima. Avesse avuto l'asilo, che in altri paesi occidentali nessuno gli avrebbe negato, non sarebbe andato a farsi sfruttare nelle campagne del casertano da lavoratore clandestino. In certo senso, pagava con la vita l'applicazio-

[71] Si tratta di Antony Poko, ghanese, e Aiwel Bol, sud sudanese.
[72] Cfr. F. Dandolo, *Immigrazione e lavoro in Italia*, in *L'immigrazione in Italia da Jerry Masslo a oggi*, cit., pp. 103-120, 107.

ne della clausola di riserva geografica. Al tempo stesso, con la sua fine violenta, Jerry diveniva simbolo di ribellione agli abusi del lavoro nero e sottopagato. Aveva condiviso la vita di braccianti chini a raccogliere pomodori una dozzina di ore al giorno, mille lire per una cassetta sui 23 kg, ed era morto per difendere lo scarso guadagno. Alla Rai scoprono di averlo intervistato e dagli archivi emerge la sua testimonianza, resa alla fine della prima estate in cui aveva raccolto pomodori sulla Domiziana:

> "Il mio problema è che quello che ho sperimentato in Sudafrica non voglio vederlo qui in Italia. È proprio qualcosa che sta accadendo qui in Italia. Nessun nero, nessun africano dimentica che cos'è il razzismo [...] Qualsiasi nero, qualsiasi africano, non può sopportare questa situazione, non può capire il razzismo. Noi siamo tutti uguali, abbiamo lo stesso cervello, lo stesso sangue, tu hai un naso e io ho un naso. Cosa c'è di diverso?"[73].

Le esequie di Jerry, nero africano, sono incredibilmente trasmesse in diretta Rai, presenti il vicepresidente del Consiglio Claudio Martelli e altre autorità. Un funerale di Stato. Il presidente Francesco Cossiga telegrafa le sue condoglianze a Sant'Egidio, in quanto famiglia di Jerry in Italia[74]. Il 20 settembre c'è uno sciopero dei braccianti della Domiziana che si conclude davanti alla prefettura

[73] Stralci dall'intervista per *Nonsolonero*, approfondimento del TG2. L'intervista, di fine 1988, venne riproposta più volte dalla televisione di Stato dopo la morte di Jerry.

[74] Nel comunicare "ai membri della Comunità di Sant'Egidio il suo profondo cordoglio", Cossiga dichiara Jerry Masslo "caduto vittima di spietati criminali nel paese in cui aveva cercato una dignità che gli era negata nella sua terra d'origine": cfr. *Il razzismo va stroncato sul nascere*, "La Repubblica", 27 agosto 1989.

di Caserta, con larga eco mediatica[75]. Il 7 ottobre 1989 si svolge a Roma un'inedita manifestazione antirazzista con la partecipazione di 150/200.000 persone, con celebrità internazionali venute per l'occasione. Società civile, associazioni, sindacati premono sul governo per avere una legge organica sull'immigrazione, fenomeno finora disciplinato limitatamente a questioni di lavoro. Sarà, di lì a pochi mesi, la legge Martelli, che elimina la clausola di riserva geografica per i rifugiati, parifica i diritti dei lavoratori stranieri a quelli italiani, avvia programmazioni di flussi migratori per lavoro, affronta la regolarizzazione dei clandestini, e al contempo introduce i visti da paesi d'emigrazione e crea meccanismi di espulsione.

Tutto è cambiato. I temi dell'immigrazione sono entrati nell'immaginario collettivo, mentre in precedenza interessavano solo addetti ai lavori, come sindacalisti o associazioni di volontariato. D'ora in poi saranno centrali nel dibattito politico e culturale del paese.

Jerry è sepolto nel cimitero di Villa Literno. Per iniziativa di Sant'Egidio e dell'amministrazione comunale, da oltre trent'anni la data della sua morte è occasione di una memoria pubblica. Accanto alla tomba di Jerry sono numerosi i tumuli senza nome, che custodiscono i corpi spesso martoriati di immigrati rinvenuti cadavere per strade e campagne della zona, senza possibilità d'identificazione, morti di stenti o assassinati nel violento contesto del lavoro bracciantile in nero. La sua tragica storia non richiama di-

[75] Scrive Francesco Dandolo: "Per la prima volta non erano intimoriti dal rendere pubblica la loro condizione – come essi stessi la definivano – di «invisibili». Termine che trovava una sua giustificazione non perché era ignota agli italiani la loro presenza, ma perché erano persone prive di diritti fondamentali" (*Immigrazione e lavoro in Italia*, cit., p. 105).

rettamente i corridoi umanitari, ma è decisiva per il superamento della riserva geografica e il riconoscimento integrale e onesto, da parte italiana, delle protezioni internazionali, senza le quali i corridoi non avrebbero motivo d'essere.

Gli autori dell'omicidio di Jerry, immediatamente individuati, ricevettero gravi pene. Uno di loro, Giovanni Florio, oggi cinquantenne, era appena maggiorenne all'epoca dei fatti. Non era armato, rimase all'esterno. Condannato a 18 anni e 10 mesi di carcere, si è pentito:

> "… non riuscivo neanche a immaginare più la mia vita, come sarebbe stata una volta fuori dal carcere. Riuscivo solo a vivere giorno per giorno. Quante volte mi sono pentito di aver fatto questa cosa. Quante notti insonni in carcere a pensare […] Quando sono uscito la prima volta per un permesso premio, una delle prime cose che feci fu di andare sulla tomba di Jerry Masslo, nel cimitero di Villa Literno. Ci andai in un orario in cui non c'era quasi nessuno. Presi un cero, l'accesi e, rivolgendomi a lui, gli dissi: 'Perdonami. Sono qui. Non scappo. Dimmi quello che devo fare'. E scoppiai a piangere"[76].

[76] *"Io, nella banda che uccise Masslo, chiedo perdono"*, "la Repubblica", [Cronaca di Napoli], 15 ottobre 2021.

3

GLI ESORDI

1. L'articolo 25

Storicamente, l'origine dei corridoi umanitari si radica, alla breve, nelle vicende migratorie e geopolitiche degli anni Dieci, e più retrospettivamente in una sensibilità mediterranea, nell'immersione esistenziale entro un Levante plurale e multiforme. Giuridicamente, l'origine viene invece dalla valorizzazione di un articolo trascurato e inapplicato di una legge comunitaria, il Regolamento europeo dei visti.

La sfida consisteva nel rendere fruibile il generoso sistema giuridico europeo di protezione internazionale creando vie d'ingresso legali in Europa. Era l'unica possibilità di sottrarre i "disperati" del mare ai trafficanti e al rischio di annegare o morire alla deriva. Lo studio di dettaglio della legislazione europea e italiana portava Sant'Egidio a focalizzare alcune possibili soluzioni. Occorreva agire a normativa invariata, reinterpretando l'esistente, poiché era evidente che sostanziali modifiche legislative sulle questioni migratorie non erano, in Europa, all'ordine del giorno. Non a caso, alle ricorrenti parole di cordoglio per ogni tragedia del mare non facevano seguito, da parte della Commissione o del Consiglio della UE, iniziative per creare canali legali d'ingresso in Europa. Non si voleva modificare il quadro normativo.

E comunque le leggi c'erano. Promettente era la Direttiva 2001/55/CE, contenente norme minime per concedere protezione temporanea e fornire accoglienza in caso di flussi massicci di profughi[77]. Questa Direttiva 55 era stata emanata dal Consiglio europeo il 20 luglio 2001. Si temeva allora il dilagare di una guerra civile in Macedonia, dopo che il conflitto del Kosovo di due anni prima aveva visto 800.000 kosovari di etnia albanese rifugiarsi all'improvviso, come fiume in piena, in Albania e nella stessa Macedonia. Qualunque fosse l'origine contingente, la Direttiva 55 derivava da una specifica prassi affermatasi in Italia, paese frontaliero della UE che nei primi anni Novanta aveva sostenuto ondate di profughi almeno a tre riprese: prima erano affluiti gli albanesi stivati su navigli diretti in Puglia, poi i somali in fuga dalla guerra civile nel loro paese, infine i variegati cittadini della Jugoslavia violentemente implosa tra 1991 e 1995. S'era provveduto a questi afflussi dai grandi numeri con permessi di soggiorno temporanei, rinnovabili ogni sei mesi. Le leggi italiane avrebbero recepito questa soluzione[78]. Nel 2011 il ministro dell'Interno, Roberto Maroni, l'avrebbe riproposta per alcune migliaia di arrivi dalla Tunisia, allo scoppio delle primavere arabe, agendo in foro interno.

Per oltre vent'anni la Direttiva 55 non è stata applicata. Nel febbraio 2022 è sopraggiunta la guerra in Ucraina ed è stata riscoperta. Perché questa lunga dimenticanza, tanto che s'immaginava un'abolizione della Direttiva stessa, "sor-

[77] Testo della Direttiva: https://eur-lex.europa.eu/legal-content/IT/TXT/HTML/?uri=CELEX:32001L0055&from=IT.

[78] Cfr. la legge del 6 marzo 1998, n. 40 (Turco-Napolitano) all'art. 18.

ta di norma nata morta"[79]? Le stesse riforme promosse dalla Commissione Europea, che nel settembre 2020 lanciava il *Nuovo Patto sulla migrazione e l'asilo*, la stavano rendendo superata.

Non necessariamente, per attivare la Direttiva 55, si sarebbero dovuti attendere flussi così massicci come quelli causati dalle vicende balcaniche degli anni Novanta. Emergenze umanitarie, vicende e masse di profughi, dal 2001 in poi, non sono mancate. Si pensi solo ai tanti profughi siriani e afghani[80]. Il fatto è che si trattava di una Direttiva scomoda per Stati europei che non volevano fronteggiare flussi consistenti di sfollati. Le loro burocrazie la aborrivano, come fosse essa stessa attrattiva di ondate di profughi. La crisi ucraina del 2022, in quanto crisi domestica europea, ha cambiato tutto. La UE si è ricordata dell'esistenza della Direttiva 55. Non senza discriminatorie distinzioni, nella fase iniziale, tra gli stessi sfollati dall'Ucraina. Alcuni paesi (Polonia, Ungheria, Repubblica Ceca, Slovacchia, Austria) intendevano riservare l'applicazione della Direttiva 55 solo a quegli sfollati riconosciuti come etnicamente ucraini, escludendo africani, asiatici, rom e altri gruppi minoritari che pure fuggivano dal paese invaso dai russi.

[79] G. Schiavone, *La triste storia della Direttiva europea che dà protezione agli ucraini in fuga*, "Altreconomia", 6 marzo 2022.

[80] La Direttiva definiva la nozione di afflusso massiccio, per la cui evenienza era stata scritta, come "l'arrivo nella Comunità [Unione Europea] di un numero considerevole di sfollati, provenienti da un paese determinato o da una zona geografica determinata, sia che il loro arrivo avvenga spontaneamente o sia agevolato, per esempio mediante un programma di evacuazione". Commenta Schiavone: "La Direttiva era stata concepita dunque non solo per rispondere a un arrivo diretto di sfollati, come è ora il caso ucraino, ma per gestire le crisi internazionali di rifugiati da affrontare anche attraverso programmi di evacuazione verso l'Europa connotati da alti numeri. Perché tutto ciò non è stato mai attuato e si è sostenuto a lungo che alcune scelte fossero impossibili quando invece erano e sono fattibili e già si disponeva di uno strumento giuridico, anche se imperfetto e un po' desueto, per realizzarle?" (*ibidem*).

In ogni caso, nel 2014, la Direttiva 55 si rivelava inutilizzabile per impiantare dei corridoi umanitari. Invece il Regolamento europeo dei visti (810/2009 del 13 luglio 2009) pareva offrire una soluzione percorribile. All'art. 25 prevedeva il rilascio di visti con Validità Territoriale Limitata (VTL) "quando, per motivi umanitari o di interesse nazionale o in virtù di obblighi internazionali, lo Stato membro interessato" lo ritenesse necessario[81]. Territorialità limitata significava che le persone cui era concesso il visto potevano entrare e stare legalmente, prima del riconoscimento come rifugiati, solo nello Stato che lo erogava, senza diritto di circolare negli altri Stati europei. Il rilascio di questi visti era consentito con una generica limitazione rappresentata da un "eccezionalmente" apposto nel primo comma dell'articolo, la cui interpretazione era lasciata agli Stati.

Ogni Stato della UE poteva utilizzare l'art. 25, previsto a garanzia di soggetti particolarmente vulnerabili. Nella prassi dei paesi europei era tuttavia prevalsa un'interpretazione fortemente restrittiva dell'articolo. Rarissime le applicazioni, quattro o cinque casi individuali l'anno in tutta l'Unione. Considerato di natura derogatoria, l'art. 25 era visto come una disposizione per casi fuori dall'ordinario. I motivi umanitari, di fatto, erano stati circoscritti alle sole situazioni di malattia grave. Nulla vietava interpretazioni diverse. Le ragioni umanitarie non potevano essere anche altre? Non ve n'erano a spingere i profughi a cercare protezione internazionale? Non comprendevano le loro accertate fragilità per eventi bellici, politici, economici, climatici, cioè per traumi che "eccezionalmente" li avevano costretti a fuggire dai paesi

[81] Il testo del Regolamento in https://eur-lex.europa.eu/legal-content/IT/TXT/PDF/?uri=CELEX:32009R0810&from=CS/.

d'origine? Pur considerato secondario e trascurabile, l'art. 25 sembrava avere grandi potenzialità. Come una piccola finestra che apriva però su grandi panorami.

Grazie all'art. 25, Sant'Egidio intravedeva la possibilità della sperata via d'ingresso legale in Europa per i potenziali richiedenti asilo, in alternativa al viaggio sui barconi. Alla fine dell'estate 2014, mentre si andava delineando la sostituzione della generosa operazione italiana Mare Nostrum con la rinunciataria operazione europea Triton, la proposta dei corridoi umanitari era elaborata nelle linee portanti. Sant'Egidio decideva di condividerla con il mondo del protestantesimo storico italiano, la Tavola Valdese e l'insieme federato delle Chiese evangeliche, che dimostravano particolare sensibilità verso il fenomeno migratorio[82]. L'impresa era ardua e occorrevano risorse e sinergie per intraprenderla.

Ridiscussa fra le tre organizzazioni religiose, la proposta prefigurava un iter complesso ma affidabile di scelta dei beneficiari, di trasferimento gratuito, di integrazione nel paese d'asilo: un percorso dai tempi minimi di due anni. I beneficiari erano seguiti dal primo incontro nel paese di provvisorio stazionamento fino al termine del percorso, ad avvenuta integrazione nel paese di accoglienza. Sicurezza era parola chiave. Sicurezza per i profughi che non si sarebbero rivolti ai trafficanti esponendosi alla morte in mare.

[82] Nel settembre 2014, nell'annuale meeting internazionale per la pace "Uomini e religioni" promosso dalla Comunità, che si teneva ad Anversa, in Belgio, un panel sulle migrazioni con Zygmunt Bauman, il presidente di Sant'Egidio Marco Impagliazzo, il prefetto Mario Morcone e il moderatore della Tavola Valdese, Eugenio Bernardini rivelava una comune preoccupazione per le tante tragedie in mare e un'unità d'intenti nella ricerca di vie legali per raggiungere l'Europa senza dover rivolgersi ai trafficanti. Allargato alla Federazione delle Chiese evangeliche in Italia, nasceva il sodalizio che avrebbe portato ai corridoi umanitari.

Sicurezza per i paesi di accoglienza, venendo i fruitori dei corridoi accuratamente controllati nell'identità, nella storia personale e nell'urgenza umanitaria prima del trasferimento, e poi assistiti da vicino nel percorso d'integrazione. Sintetizzerà Andrea Riccardi a François Hollande, nel 2017, inaugurando a Parigi il primo corridoio umanitario verso la Francia: "L'esperienza dei corridoi umanitari dimostra che l'integrazione protegge più dei muri"[83].

La realizzabilità logistica richiedeva di stringere accordi con gli Stati che avessero voluto interpretare l'art. 25 nell'accezione larga propugnata da Sant'Egidio. Sarebbe occorso un anno e mezzo di preparazione politica e tecnica per vedere operante il primo dei corridoi umanitari, quello frutto del Protocollo d'intesa sperimentale firmato il 15 dicembre 2015 fra il governo italiano, rappresentato dai Ministeri degli Affari Esteri e dell'Interno, e le tre entità cristiane associate nell'impresa: Comunità di Sant'Egidio, Tavola Valdese, Federazione delle Chiese Evangeliche in Italia (FCEI). Questo Protocollo avrebbe consentito, in due anni, l'arrivo di un migliaio di profughi dal Libano, in stragrande maggioranza siriani in fuga dalla guerra. Sarebbe stato il prototipo di successivi Protocolli – ciascuno per un numero variabile di profughi, fra le centinaia e il migliaio – che ne avrebbero ripreso il modello con alcune varianti.

Con l'Italia, attuato il primo Protocollo sul Libano, sarebbero stati firmati, a far base dal medesimo paese, un secondo Protocollo nel 2017 e un terzo nel 2021, e inoltre

[83] "L'expérience des couloirs humanitaires démontre que l'intégration protège plus che les murs": cfr. https://archive.santegidio.org/pageID/3/langID/fr/itemID/20256/Des-couloirs-humanitaires-pour-les-r%C3%A9fugi%C3%A9s-en-France-%C3%A0-partir-daujourdhui--laccord-sign%C3%A9-ce-matin-%C3%A0-lElys%C3%A9e.html.

due Protocolli concernenti l'Etiopia (2017 e 2019), uno sulla Grecia per i profughi di Lesbo (2020), uno sulla Libia (2021) e uno sull'Afghanistan (2021). Anche la Francia, il Belgio, Andorra e San Marino avrebbero sottoscritto dei Protocolli, sulla falsariga del prototipo italiano del 15 dicembre 2015. L'estensione europea dei corridoi concepiti in Italia, cioè nel paese giustamente definito "lo stivale nel mare"[84], significava una responsabilizzazione continentale rispetto all'area del Mediterraneo per nulla scontata. Attraverso i corridoi si diffonde una visione politica, una sensibilità, una *pietas*, e s'allarga l'orizzonte al di là di un europeismo troppo ristretto all'economico e all'annosa dicotomia tra sovranismo e federalismo.

Ogni Protocollo ha richiesto negoziati fra i promotori, appartenenti alla società civile, e gli Stati interessati. Da questi negoziati si deducono le peculiarità, le problematiche, le criticità dell'impresa dei corridoi umanitari, e soprattutto il carattere di novità. Conviene soffermarsi sulle trattative per la firma del primo Protocollo. Dai punti di frizione emerge esemplarmente la natura dei corridoi.

2. Il primo negoziato

Le trattative per il primo dei corridoi iniziavano in sordina a fine 2014, con sondaggi e colloqui informali presso il Ministero dell'Interno che sfociavano, nella primavera del 2015, in un formale negoziato tra i rappresentanti della Comunità di Sant'Egidio, della Tavo-

[84] V. Ianari, *Lo stivale nel mare. Italia, Mediterraneo, Islam: alle origini di una politica*, Guerini e Associati, Milano 2006.

la Valdese e della FCEI e i rappresentanti dei Ministeri dell'Interno e degli Affari Esteri, i due dicasteri maggiormente interessati[85].

La proposta dei corridoi prefigurava un'iniziativa generosa che avrebbe prevedibilmente suscitato apprezzamenti per l'Italia sul piano internazionale, come poi in effetti avvenuto. Il governo di Roma avrebbe potuto vantare un'esperienza pilota in ambito umanitario. Non solo si salvavano persone ma si combatteva il traffico di migranti in mano alla criminalità. Si profilava una *best practice* dell'umanitario e della legalità, di cui l'Italia avrebbe potuto andar fiera.

Nel 2014-2015 l'Italia tentava di porre la questione delle migrazioni nel Mediterraneo come problema europeo complessivo, ma non otteneva dai partner della UE le risposte che avrebbe sperato. Specialmente i paesi europei non frontalieri verso Sud erano elusivi. Sospettata di indulgenza verso il fenomeno migratorio, e accusata di mancato rispetto delle regole di Dublino nella misura in cui non contrastava inflessibilmente i transiti verso il Nord Europa, l'Italia non riceveva solidarietà dai partner della UE per le ondate di migranti e profughi che giungevano sulle sue coste. In tale contesto, l'istituzione di corridoi umanitari poteva ben servire all'autorevolezza morale del paese. Era un'azione di contrasto all'immigrazione illegale e mostrava la sensibilità sociale dello Stato e degli italiani. Coniugava sicurezza e disponibilità.

[85] Datata 24 aprile 2015 è una lettera d'intenti al prefetto Mario Morcone, a capo del Dipartimento per le Libertà civili e l'Immigrazione del Ministero dell'Interno, da parte del presidente della Federazione delle Chiese evangeliche in Italia, il pastore Massimo Aquilante, e del presidente della Comunità di Sant'Egidio, Marco Impagliazzo, che auspica si possa giungere a un protocollo d'intesa sulle attività dei corridoi umanitari, di cui si allega una proposta sperimentale, "per proseguire in termini non puramente volontaristici" (copia in ACSE).

La proposta dei corridoi era in linea con i valori di umanità espressi dalla Costituzione italiana. Lo avrebbe riconosciuto il presidente Sergio Mattarella il 3 marzo 2016:

> "Il nostro Paese in questi anni è stato, e continua ad essere, all'avanguardia nella solidarietà. Lo è anche in questi giorni con i Corridoi Umanitari, accogliendo migranti e profughi che giungono da Paesi, da zone e da territori tormentati dalla guerra. Non ne facciamo un titolo di vanto, ma sappiamo che in questo modo osserviamo la nostra Costituzione, le varie Carte dei Diritti dell'Uomo, i principi di umanità che sono alla base della convivenza"[86].

Mattarella commentava con soddisfazione i primi esiti del corridoio tra Libano e Italia. Un anno prima, tuttavia, ancora in fase di progettazione, il corridoio era stato oggetto di dubbi e interrogativi. Pur entro una cornice di collaborazione e cortesia non solo istituzionale, il negoziato per la sua realizzazione aveva affrontato ostacoli oggettivi e reciproci timori[87].

Di solito, i fenomeni migratori vengono affrontati dagli Stati come emergenze, senza politiche di lungo respiro. E quando si ragiona in termini emergenziali prevalgono provvedimenti tampone e soluzioni provvisorie. La proposta dei corridoi umanitari rappresentava una visione

[86] Intervento all'inaugurazione di spazi restaurati presso l'antico Ospedale San Gallicano di Roma. Cfr. http://comunicazioneinform.it/mattarella-litalia-e-stata-e-continua-ad-essere-allavanguardia-nella-solidarieta/.

[87] Il tavolo di confronto sulla proposta dei corridoi umanitari si trovava presso il Ministero degli Affari Esteri. La finalità era quella di elaborare un Protocollo d'intesa tra i promotori, cioè le tre associazioni confessionali, e lo Stato italiano. Vi partecipavano i prefetti Angelo Malandrino e Mario Morcone per il Ministero dell'Interno, Marco Del Panta, Giulio Del Federico e Alberto Colella per il Ministero degli Affari Esteri, Paolo Naso per la Tavola Valdese e per la FCEI, Daniela Pompei, Maria Quino e Claudio Cottatellucci per Sant'Egidio.

di lungo periodo, al di fuori dei radar dell'urgenza. Ci si mobilitava per profughi non ancora presenti sul territorio nazionale, invisibili alla politica italiana. Tuttavia, con ogni probabilità, la mancanza di prospettive legali di migrazione li avrebbe resi clienti dei trafficanti, e presto o tardi, come parte di un flusso, sarebbero sbarcati a Lampedusa o altrove in Sicilia.

Prevedeva, la proposta dei corridoi, di intervenire in favore di persone bisognose di protezione internazionale sulla base del citato art. 25 del Regolamento europeo dei visti. Per ottenere il relativo visto con Validità Territoriale Limitata (VTL) ed essere inclusi nei corridoi non era necessario aver già ottenuto il riconoscimento come rifugiati. Ciò era conforme al fatto che quasi nessun paese europeo consentiva di fare domanda di protezione internazionale direttamente alle proprie rappresentanze diplomatiche nel paese in cui il potenziale richiedente asilo si trovava[88]. Questa interpretazione dell'art. 25, fondata sulla logica più che su inesistenti precedenti, posponeva il processo burocratico della domanda d'asilo in frontiera all'arrivo nello Stato di accoglienza. Ciò lasciava un ipotetico margine d'incertezza, per il caso di mancato ottenimento dell'asilo o d'altra protezione ufficiale. C'era la possibilità che i profughi, una volta giunti in Italia, non venissero riconosciuti come rifugiati dalle competenti Commissioni territoriali, con la conseguenza di ritrovarsi sul suolo nazionale nella condizione di irregolari, passibili di respingimento al luogo di partenza o d'origine. La libera scelta dei beneficiari da parte degli operatori dei corridoi, pur operata secondo i motivi umanitari enun-

[88] La Francia faceva eccezione, peraltro con rare applicazioni pratiche.

ciati dall'art. 25, non dava certezza matematica di successivo riconoscimento. L'alternativa era evidentemente non compiere tale libera scelta, e rivolgersi a chi già disponeva di liste di persone provviste dello status di rifugiato: l'UNHCR. A questo riguardo s'ebbe il principale scoglio del negoziato.

Soprattutto i rappresentanti del Ministero degli Affari Esteri avrebbero voluto che i beneficiari dei corridoi fossero tratti dagli elenchi dell'UNHCR. Essi rilevavano che gli unici schemi europei di ingressi legali di profughi erano dati da occasionali programmi di *resettlement* promossi dagli Stati in sinergia con l'UNHCR che ne decideva i fruitori. Questi erano dei rifugiati sotto il suo mandato oppure persone che l'agenzia stessa riconosceva meritevoli, almeno *prima facie*, del riconoscimento dello status di rifugiato in base alla Convenzione di Ginevra del 1951 e al relativo Protocollo newyorkese del 1967[89]. A tali schemi, ad avviso dei rappresentanti della Farnesina, sarebbe stato prudente attenersi, senza innovare rischiosamente. Un simile ragionare si poteva comprendere alla luce del fatto che i corridoi erano una novità assoluta.

Nella UE gli unici programmi conosciuti per ammissioni umanitarie erano in effetti i *resettlement*, ufficialmente raccomandati dalla Commissione Europea. Altri programmi non se ne davano. Che esistessero differenti canali di "humanitarian admission schemes", ovvero che oltre ai *resettlement* vi fossero altre possibilità d'ingresso legale in Europa per dei richiedenti asilo, e tali possibilità fossero

[89] La figura del rifugiato *prima facie* deriva dall'esistenza di situazioni, come esodi di massa, in cui il personale dell'UNHCR non può effettuare accertamenti individuali approfonditi e dunque si limita a prendere in considerazione la generale condizione del gruppo in fuga che si trova innanzi, ritenendo che una valutazione del singolo caso sia impossibile e non strettamente necessaria. Lo status di rifugiato viene pertanto conferito a tutte le persone del gruppo.

complementari e non sovrapponibili ai *resettlement*, non era accreditato in ambito europeo[90].

Ciò che a Bruxelles viene prospettato, seguendo il dettato dell'*Agenda europea sulla Migrazione* del 13 maggio 2015, è un sistema binario: per i rifugiati sotto mandato UNHCR ed eventuali richiedenti asilo considerati bisognosi di protezione internazionale che si trovano fuori dai confini UE ci sono i *resettlement* (reinsediamenti); per i migranti e i richiedenti asilo che già sono pervenuti all'interno della UE si possono praticare, previo accordo con gli Stati, delle *relocation* (ricollocamenti), previa verifica del loro diritto di rimanere sul suolo europeo.

Non sorprendeva, in tale contesto, che i funzionari della Farnesina avessero in mente un solo modello di ingresso legale di profughi in Italia da territori extra UE, quello appunto dei *resettlement*. Non ne immaginavano di diversi. I corridoi avrebbero dovuto fungere da surrogati dei *resettlement*, uniche ammissioni umanitarie giudicate politicamente corrette.

Dai promotori, i corridoi erano concepiti per persone vulnerabili bisognose di protezione e prive di speranza di raggiungere l'Europa qualora non si fossero rivolte ai traf-

[90] Facendo seguito alle direttive politiche contenute nell'*Agenda europea sulla Migrazione* del 13 maggio 2015, e a parziale rimedio alla tragedia umana della rotta migratoria mediterranea, l'8 giugno 2015 la Commissione Europea emanava la Raccomandazione 2015/914, intesa a intensificare le attività di *resettlement*, così definite: "Per reinsediamento [*resettlement*] s'intende il trasferimento di singoli profughi con evidente bisogno di protezione internazionale, effettuato su richiesta dell'Alto Commissariato delle Nazioni Unite per i rifugiati, da un paese terzo in uno Stato membro consenziente" (https://eur-lex.europa.eu/legal-content/IT/TXT/?uri=CELEX%3A32015H0914). Nella Raccomandazione si leggeva inoltre: "Gli Stati membri e gli Stati associati partecipanti dovrebbero conservare la responsabilità delle singole decisioni di ammissione, previ controlli medici e di sicurezza adeguati, mentre all'Alto Commissariato delle Nazioni Unite per i rifugiati spetterebbe la responsabilità di valutare i candidati al reinsediamento nelle regioni prioritarie e di presentare proposte per il reinsediamento negli Stati membri e negli Stati associati partecipanti".

ficanti. Trarre i beneficiari dei corridoi dalle liste UNHCR implicava che la loro individuazione non venisse fatta dai promotori, i quali avrebbero dovuto limitarsi a recepire scelte altrui. I rifugiati delle liste UNHCR, da cui i *resettlement* attingevano, una speranza di partire l'avevano, sebbene a medio o lungo termine più che a breve, dipendendo dalla volontà di accogliere degli Stati cui l'agenzia dell'ONU si appellava per ottenere reinsediamenti; e comunque, nel frattempo, essi godevano della protezione internazionale data dall'essere sotto mandato UNHCR, con relativi vantaggi giuridici e materiali.

Non era facile chiarire questo punto controverso. Ricorda un negoziatore di Sant'Egidio:

> "La trattativa è stata difficoltosa, perché era qualcosa di nuovo. Mancavano precedenti legali e amministrativi. Non si creava una legge nuova ma se ne applicava una esistente in maniera nuova. L'utilizzazione di visti 'umanitari' era residuale: appena 4 o 5 casi all'anno. E noi ne chiedevamo mille in un anno! Il negoziato è stato lungo, non avendo mai l'Italia adottato simili procedure. Fino al 2015, non era mai esistita in Italia una modalità d'ingresso in sicurezza di rifugiati non previamente riconosciuti. L'Unione Europea possedeva regole per l'integrazione dei rifugiati, ma soltanto per quelli che arrivavano illegalmente alle frontiere. Noi volevamo trovare un via legale e sicura per entrare nei nostri paesi. I programmi europei di *resettlement* riguardavano rifugiati riconosciuti come tali dall'UNHCR nei paesi di transito; i corridoi umanitari riguardavano persone non ancora riconosciute come rifugiati"[91].

[91] Intervista di Daniela Pompei a Camillo Barone, riportata nella tesi di laurea di quest'ultimo, *The Humanitarian Corridors of the Community of Sant'Egidio: A possible solution to unsafe immigration*, cit., pp. 40-41.

I funzionari degli Esteri erano scettici sull'uso proposto dell'art. 25 del Regolamento europeo dei visti che a loro parere poteva essere usato solo "a dosi omeopatiche". Rimarcavano quell'"eccezionalmente" posto al comma 1 per sostenere che l'articolo riguardava casi tanto speciali da annullarsi da solo, o almeno da risultare praticabile unicamente per atti residuali, temporanei, o situazioni estreme. Non era la concezione dei promotori dei corridoi, che speravano di fare dell'art. 25 un uso strutturale. I negoziatori evangelici e cattolici guardavano all'art. 25 nella sua potenzialità.

Ma soprattutto i funzionari diffidavano della discrezionalità operativa. Significava assumersi rischi e responsabilità. Ora, il progetto dei corridoi era inscindibile dalla libertà di scelta dei beneficiari, fermo restando che tale discrezionalità doveva ancorarsi a dei criteri, su cui la discussione era aperta. Al progetto dei corridoi era sottesa un'idea di sponsorship della società civile che per bene realizzarsi presupponeva una scelta non casuale e non delegata dei beneficiari, laddove rinunciare alla scelta ne avrebbe messo a rischio la successiva integrazione. Sarebbe infatti venuta meno la corrispondenza fra le specificità individuali della persona che s'andava ad accogliere e le specificità dell'ambiente destinato a riceverla.

Pur condividendo cautele formali e preferenze istituzionali, i rappresentanti del Ministero dell'Interno erano meno allarmati dei colleghi degli Esteri. Non dovevano occuparsi dei visti ma dell'attribuzione dell'asilo. Avendo piena familiarità con il sistema d'asilo nazionale con le sue tre opzioni – asilo, protezione sussidiaria e protezione umanitaria – non scorgevano particolari difficoltà al riconoscimento di profughi in condizioni di grave fragilità, se ben individuati come tali prima del trasferimento. Ritenevano che, nell'una o nell'altra forma, tutti i beneficiari dei corridoi sarebbero riusciti a ottenere uno status legale. Presenze irregolari sul territorio non se ne sarebbero avute. Secondo buon senso, riconoscevano pure che il migliaio di visti VTL messi a disposizione dall'accordo, in quanto destinato principalmente a siriani stazionanti in Libano come profughi di guerra – e quale guerra! –, recava con sé una forte garanzia di ottenimento futuro dello status di rifugiato per i loro fruitori[92].

Ricorda Daniela Pompei, a guida della rappresentanza di Sant'Egidio:

> "Noi volevamo che si desse il visto a Beirut, all'ambasciata o al consolato, e che si facesse poi in Italia la pratica per l'asilo. I funzionari degli Esteri volevano invece semplicemente attingere dalle liste di rifugiati riconosciuti dall'UNHCR, senza attrezzare le sedi diplomatiche perché dessero i visti. Mantenemmo la nostra posizione, peraltro chiedendo che si facessero, da parte dei funzionari d'ambasciata, minuziosi controlli di sicurezza, in collaborazione con la polizia giudiziaria, e anche con le autorità del paese di transito ossia con i libanesi. Il criterio della vulnerabilità, nelle ultime fasi del negoziato, s'impose come criterio di scelta dei rifugiati. Era desunto da norme internazionali inerenti tutele e diritti dei migranti. Ciò dette ai corridoi la necessaria autonomia in quanto esercizio di sponsorship basato su una scelta consapevole dei beneficia-

[92] In successivi negoziati, e particolarmente in quello del 2021 per il terzo corridoio dal Libano, le posizioni si sarebbero rovesciate. Sarebbero stati i funzionari dell'Interno, non gli stessi del 2015, a vedere nei corridoi dei surrogati dei *resettlement*, tentando di trasferire la scelta dei beneficiari dalle cure delle associazioni promotrici alle competenze dell'UNHCR. Invece i funzionari degli Affari Esteri avrebbero rivelato una favorevole assimilazione della natura e della peculiarità dei corridoi come intesi dai loro ideatori.

ri. I corridoi potevano funzionare solo come programma di sponsorship, altrimenti il percorso virtuoso dell'integrazione era messo a rischio"[93].

L'insistenza da parte della Farnesina sulle liste dell'UNHCR era variamente argomentata.

Sarebbe stato faticoso attrezzare le sedi diplomatiche per compiti nuovi che richiedevano attività di formazione e personale più qualificato. I corridoi avrebbero avuto un impatto organizzativo sul lavoro ordinario delle sedi diplomatiche italiane in Libano[94]. Il rilascio di visti VTL era una pratica nuova e richiedeva di pensare e sperimentare procedure ad hoc, comprensive di plurimi controlli di sicurezza. Per quanto improbabile, non era impossibile che tra i beneficiari si mimetizzassero individui con secondi fini.

Si paventava poi che i potenziali richiedenti asilo dei corridoi vedessero respinte le loro domande, andando a ingrossare le fila degli immigrati irregolari. Preoccupava l'assunzione di responsabilità rappresentata dalla concessione di visti a persone in uno status giuridico ancora incerto, senza irrefutabili certezze di accoglimento della domanda d'asilo. In quegli anni, degli sbarcati via mare in Italia poi richiedenti asilo, non oltre il 50% otteneva risposta positiva tra istanze iniziali e ricorsi successivi. Certo, i corridoi promettevano di rappresentare l'opposto dell'immigrazione illegale dei barconi. I suoi fruitori sarebbero stati vagliati

[93] Colloquio dell'autore con Daniela Pompei, Roma, 7 marzo 2021.

[94] Basti pensare al coinvolgimento come cabina di regia, per le verifiche di ammissibilità dei beneficiari proposti per i corridoi, di diversi organi ministeriali: per l'Interno, la Direzione per le Libertà Civili e l'Immigrazione, quella di Pubblica sicurezza, quella di Polizia di frontiera, quella delle Questure, la Commissione nazionale per l'asilo; per gli Affari Esteri, la Direzione per gli Italiani all'Estero e le Politiche Migratorie, in particolare l'Ufficio visti. Oltre a queste istituzioni, erano coinvolti rappresentanti del Ministero della Salute e, su altro piano, dell'UNHCR.

e inclusi nel progetto secondo precise motivazioni umanitarie. Tuttavia non si avevano ancora prove di questa efficacia selettiva. Sicché le liste dell'UNHCR erano considerate la miglior copertura da eventuali responsabilità qualora qualcosa fosse andato storto. Esistevano già, non si usciva dal tracciato.

I proponenti dei corridoi non intendevano rinunciare alla scelta dei beneficiari, subordinandola alle liste dell'UNHCR. Si sarebbe abdicato alla linea di un'inclusione consapevole, praticata in puntuale riferimento alle disponibilità dell'accoglienza in Italia, allorché la componente di sponsorship era costitutiva dei corridoi. Una volta negata la capacità di scelta, tale componente sarebbe venuta meno, e di conseguenza sarebbe diminuita la chance d'integrare presto e bene, che dalla sponsorship dipendeva. Senza escludere di prendere in considerazione profughi che nei paesi terzi si trovavano sotto mandato UNHCR, se soggetti particolarmente fragili e bisognosi di urgente soccorso e protezione, i corridoi avrebbero programmaticamente incluso, in primo luogo, profughi riconosciuti in condizione di grave vulnerabilità, a prescindere dall'inserzione nelle liste dell'UNHCR. La scelta dei beneficiari sarebbe stata fatta sulla base dei criteri umanitari condivisi nei negoziati, applicati nelle indagini conoscitive sul terreno. Preliminari alla scelta dei fruitori dei corridoi, tali indagini sarebbero state anche propedeutiche alla richiesta d'asilo da presentare all'arrivo in frontiera.

D'altra parte, se i beneficiari dei corridoi fossero stati prioritariamente attinti dagli elenchi dell'UNHCR, il flusso complessivo di rifugiati accolti sarebbe stato più modesto. Invece di costituire due canali indipendenti di ammissione umanitaria, ancorché complementari nei fini, *resettlement* e corridoi si sarebbero accavallati in un unico canale, rinunciando alla loro doppia potenzialità. La platea dei beneficiari aumentava se le forme dell'ammissione umanitaria erano due invece di una.

I funzionari degli Esteri ritenevano le liste dell'UNHCR garantite da criteri oggettivi. A loro avviso, nell'ambito dei corridoi si rischiava di far spazio a criteri soggettivi, in funzione dei rapporti personali stabiliti con i profughi. Certo, i promotori dei corridoi avrebbero potuto replicare di ispirarsi anch'essi a criteri oggettivi, desunti, come da citazione precedente, "da norme internazionali inerenti tutele e diritti dei migranti". In realtà, a valle di tali norme, si apriva effettivamente uno spazio di soggettività, non solo legittimo ma in certo senso costitutivo dei corridoi stessi. I cui operatori si ispiravano, nella prassi, a valori relazionali, all'importanza dei rapporti umani, al chiedere e dare fiducia. Ciò che consentiva di comprendere al meglio le necessità, le fragilità, le aspettative dei profughi e le opportunità da offrire loro. Gli operatori dovevano creativamente organizzare il *matching* fra beneficiari e condizioni previste dell'accoglienza. Questo esigeva un lavoro capillare, oculato, attento ai particolari, non un imbarcare alla cieca qualsiasi sventurato fuggito dal suo paese.

Se un ospedale pediatrico avesse offerto un posto per un bambino cardiopatico, sarebbe occorso includere un tale bambino, con la madre o la famiglia se opportuno. Se un imprenditore avesse offerto alloggio e lavoro di un certo tipo, sarebbe occorso cercare persone vulnerabili che corrispondessero a tale offerta. Se in un paesino italiano di montagna si fosse voluto accogliere solo famiglie con minori, sarebbe occorso evitare di mandare dei single o delle coppie senza figli, come pure persone giudicate inadatte a un simile contesto. E così via: questo esigeva iniziativa soggettiva dell'operatore, cui andava garantita una libertà d'azione. Occorreva proiettare mentalmente il profugo candidato all'inclusione nel contesto che lo attendeva in Italia. Spazio di soggettività significava, in certo senso, spazio di libertà a fin di bene. Difficile tradurlo in termini giuridici, entro una discussione che doveva sfociare in un documento pattizio.

La questione specifica del riconoscimento dello status di rifugiato da fare a valle, nel paese d'approdo che era l'Italia, e non a monte, nel paese di transito che era il Libano, veniva avviata a soluzione con la richiesta dei promotori dei corridoi di meticolose istruttorie delle domande per i visti VTL da parte delle strutture diplomatiche italiane cui venivano presentate. In pratica, prima di concedere il visto, su ogni profugo sarebbero state raccolte informazioni dettagliate non solo mediante interviste dirette ed esami della loro documentazione, ma anche interessando le polizie scientifiche del paese di transito e del paese d'approdo, interpellando branche d'intelligence, consultando banche dati nazionali e internazionali[95]. Le impronte digitali sarebbero state inviate a EURODAC (la banca dati UE dei migranti). Il titolo per entrare in Italia sarebbe stato rilasciato soltanto dopo avere svolto tali indagini, volte a fugare ogni dubbio sulla fondatezza dei motivi umanitari che giustificavano la richiesta del visto. Si poteva così prevedere con ragionevole certezza il successivo riconoscimento dello status di rifugiato. Ai fini di questo scrupoloso esame di

[95] Cfr. Comunità di Sant'Egidio, FCEI, Tavola Valdese, *Programma Corridoi Umanitari Italia-Libano 2018-2021*, Roma 2021, p. 11. Copia di questo Report sulla realizzazione del secondo corridoio organizzato dal Libano, che fa parte della documentazione prodotta nell'ambito della collaborazione delle associazioni proponenti i corridoi con i Ministeri degli Affari Esteri e dell'Interno, in ACSE.

ciascun profugo richiedente il visto VTL, il personale di ambasciate e consolati doveva essere addestrato ad hoc.

Questa procedura funzionerà. Tutti i profughi dei corridoi che arriveranno in Italia e chiederanno asilo lo otterranno, quasi tutti nella più alta forma giuridica della protezione internazionale. A titolo di esempio, il secondo corridoio dal Libano, comprensivo fra 2018 e 2021 di 1012 beneficiari di cui 956 siriani, avrebbe visto le seguenti decisioni delle Commissioni territoriali. Al 99,5% dei richiedenti sarebbe stato riconosciuto lo status di rifugiato, mentre lo 0,4% avrebbe ottenuto la protezione sussidiaria; lo 0,1% (una persona di nazionalità etiopica, autorizzata all'ingresso per gravi e urgenti motivi di salute) avrebbe ottenuto la protezione umanitaria semplice[96].

Qualche rara eccezione non riguarderà dinieghi dell'asilo ma pochi singoli beneficiari che opereranno impulsivi movimenti secondari, tentando di raggiungere altri paesi europei, per unirsi a parenti oppure a proprie comunità etniche. Una condotta rovinosa, foriera d'illegalità e clandestinità. Peraltro, per i beneficiari dei corridoi, già controllati scrupolosamente prima di concedere il visto, i tempi per l'esame delle domande d'asilo erano abbreviati fino a sei mesi rispetto a usuali attese ben maggiori. Avuto il riconoscimento, era possibile viaggiare entro la UE, trattenendosi all'estero fino a tre mesi, e dopo cinque anni si sarebbe potuto cambiare paese di residenza, se ancora se ne aveva voglia.

Il negoziato metteva dunque in evidenza il nodo cruciale del funzionamento dei corridoi, quello della scelta dei beneficiari. Chi la decideva? I promotori dei corridoi, che

[96] Cfr. *ibidem*, p. 30.

rispecchiavano la società civile, oppure l'UNHCR, come desiderato dai funzionari degli Esteri? Per questi ultimi era rassicurante dipendere dall'UNHCR, grande istituzione, le cui liste peraltro essi potevano, all'occorrenza, sottoporre a controlli e cancellazioni. Ne avevano facoltà, essendo diritto dello Stato il controllo sugli ingressi nel proprio territorio.

Per i promotori dei corridoi, rimettersi alle liste dell'UNHCR era deresponsabilizzante e svuotava di senso il progetto, qualificato proprio dal decidere in autonomia i nomi dei beneficiari. Dall'oculata scelta dei beneficiari dipendeva in larga misura la possibilità di un loro buon inserimento in Italia. Era in gioco la stessa natura dei corridoi e la loro buona riuscita. I profughi inclusi nel programma dovevano essere incontrati e intervistati più volte, fino a poter sperare nella lealtà alla proposta ricevuta. Non dovevano essere anonimi utenti desunti dallo scorrimento di liste altrui. Provvedere ai rifugiati dell'UNHCR ricadeva tra i doveri degli Stati, prima che delle società civili. Si doveva fare tanta fatica per risparmiarne agli Stati? Si doveva, da parte della società civile, spender tanto di tasca propria perché gli Stati facessero economie alla stessa voce di spesa? In ogni caso, gli iscritti alle liste dell'UNHCR avrebbero avuto, presto o tardi, la possibilità di migrare in paesi sicuri, europei o extraeuropei. Non altrettanto coloro che non vi figuravano, malgrado rappresentassero casi gravi di fragilità e di doverosa tutela di diritti umani.

Delegare all'UNHCR la scelta dei beneficiari dei corridoi sollevava le autorità italiane da responsabilità, ma associava i corridoi a un organismo multilaterale complesso. Si sarebbe dovuto affrontare il problema dell'invecchiamento delle liste dell'UNHCR, dovuto non a cattiva volontà dell'agenzia onusiana, ma alla ritrosia degli Stati nel venirle incontro offrendo posti in programmi di reinsediamento. Data la scarsa frequenza dei *resettlement* in paesi sicuri, queste liste erano statiche, non scorrevano, risalivano anche ad anni addietro, in casi estremi a decenni addietro. Vi apparivano nomi di persone che erano ritornate in patria dopo lungo esilio, o già pervenute clandestinamente sul territorio europeo per vie illegali (se non perite in naufragati tentativi di migrare). Agli appelli nominali dell'UNHCR in occasione dei *resettlement* si presentavano candidati in numero sensibilmente minore rispetto alle liste tirate fuori dai cassetti, data la loro obsolescenza[97]. Tanti rifugiati, negli anni intercorsi fra il riconoscimento dello status e la chance di un reinsediamento, avevano inseguito i più diversi destini individuali pur di non languire in campi profughi o in società ostili. Insomma, le liste erano scarsamente funzionali.

L'UNHCR è un'istituzione che dipende dal buon volere degli Stati. La sua operatività è condizionata. Può riconoscere i rifugiati se gli Stati dove essi si trovano hanno ratificato la Convenzione di Ginevra e agiscono di conseguenza. I primi corridoi umanitari erano rivolti al Libano. Ebbene, il governo di Beirut nel gennaio 2015 aveva imposto all'UNHCR di non registrare più i profughi di guerra dalla Siria. Le missioni in Libano organizzate da Sant'Egidio, valdesi ed evangelici per scegliere i beneficiari dei corridoi avrebbero incontrato persone in stato di emergenza umanitaria che nella maggioranza dei casi non avevano avuto contatti con l'UNHCR, interdetto non solo dal riconoscere nuovi rifugiati ma anche dall'annotarne l'esistenza.

Spaventato dall'afflusso di milioni di profughi siriani, e in certo senso da essi sommerso, il piccolo Libano reagiva disco-

[97] Agli appelli dei corridoi non vi sarebbero stati assenti, le liste erano appena fatte e i fruitori ben motivati.

noscendone la presenza. Rifiutava loro una permanenza legale, per accrescere l'arbitrio delle proprie autorità nei loro confronti, tenerli in soggezione, e riservarsi la possibilità di espellerli in qualsiasi momento. Attribuire all'UNHCR il compito di riempire i corridoi umanitari dal Libano con le sue liste ormai datate significava ignorare il procedere degli eventi. I corridoi si centravano sul Libano in funzione della grande crisi siriana, nell'intento di evitare il ricorso ai mercanti di vite umane da parte di profughi disperati, e non potevano limitarsi a casi di persone in qualche modo già garantite da una promessa istituzionale, come erano quelle delle liste dell'UNHCR dei primi anni Dieci, ammesso e non concesso che tali liste corrispondessero ancora a individui presenti nel paese.

Fatto singolare, in questo primo negoziato del 2015, era che il ruolo desiderato per l'UNHCR nei nascenti corridoi dai funzionari ministeriali italiani non era richiesto dall'UNHCR stesso, neppure presente al negoziato. L'agenzia, infatti, riconosceva i corridoi come complementari ai *resettlement*, senza pretendere uniformità sul proprio modello di ammissione umanitaria in paesi sicuri. Riconosceva cioè che i corridoi non coincidevano con i *resettlement*, ma vi si aggiungevano nel salvare vite umane. Sant'Egidio, valdesi ed evangelici ammiravano l'impegno dell'UNHCR per donne e uomini perseguitati nei loro paesi d'origine o sottoposti a gravi minacce di vita, e non immaginavano che tale meritorio lavoro fosse indiretto ostacolo al loro progetto.

3. La vulnerabilità

Secondo la logica dei corridoi umanitari, i soggetti da inserire nei corridoi dovevano essere scelti con criteri peculiari, non tratti dal bacino delle registrazioni dell'UNHCR il cui svuotamento era compito degli Stati. I corridoi non erano un programma per supplire alle carenze quantitative dei *resettlement*, che andavano regolate dai governi, non addossate alla società civile. Non era facile farlo comprendere a funzionari cui la distinzione fra corridoi e *resettlement* non era evidente.

Il dilemma della scelta dei beneficiari veniva comunque sciolto in quelle che diventavano così le ultime fasi del negoziato. Si decideva di non fare riferimento obbligato alle liste dell'UNHCR e solo considerarle all'occorrenza, il che all'atto pratico non vincolava. Si precisava doverosamente che la scelta dei beneficiari prescindeva da appartenenze etniche, confessionali, o di genere. Si adottava infine il criterio della vulnerabilità e del conseguente bisogno di protezione umanitaria. Un elenco di figure vulnerabili era autorevolmente proposto dalla Direttiva 2013/33 dell'Unione Europea, recante norme relative all'accoglienza dei richiedenti protezione internazionale, il cui capo IV riguardava *Disposizioni a favore delle persone vulnerabili*[98]. Lo si discusse, per poi decidere di non entrare, nel Protocollo, in troppi dettagli, e di tracciare una cornice generale di

[98] La Direttiva 2013/33/UE del 26 giugno 2013, emanata dal Parlamento e dal Consiglio Europeo, recita all'art. 21: "Nelle misure nazionali di attuazione della presente direttiva, gli Stati membri tengono conto della specifica situazione di persone vulnerabili quali i minori, i minori non accompagnati, i disabili, gli anziani, le donne in stato di gravidanza, i genitori singoli con figli minori, le vittime della tratta degli esseri umani, le persone affette da gravi malattie o da disturbi mentali e le persone che hanno subito torture, stupri o altre forme gravi di violenza psicologica, fisica o sessuale, quali le vittime di mutilazioni genitali femminili" (https://eur-lex.europa.eu/legal-content/IT/TXT/PDF/?uri=CELEX:32013L0033&from=IT). Questa Direttiva riprendeva, con qualche ampliamento, l'art. 20, c. 3, di un'analoga Direttiva del 2011, la 2011/95/UE del 13 dicembre 2011, del Parlamento e del Consiglio Europeo (https://eur-lex.europa.eu/legal-content/IT/TXT/HTML/?uri=CELEX:32011L0095&from=IT). La legislazione italiana in materia migratoria aveva doverosamente recepito entrambe le Direttive europee. Cfr. D. Lgs. 18 agosto 2015, n. 142.

riferimento, onde non limitare la casistica delle persone bisognose e affidarsi, per l'inclusione nei corridoi, al discernimento degli operatori sul terreno e alla verifica delle segnalazioni ricevute da fonti diverse (ONG, autorità religiose, operatori sanitari, cooperanti...).

Nel testo si indicava che i corridoi erano per "persone che manifestano una comprovata condizione di vulnerabilità determinata dalla loro situazione personale, dall'età e dalle condizioni di salute". Tra i vulnerabili ricadevano certamente persone gravemente malate, minori, famiglie con bambini specie se monoparentali, anziani, portatori di disabilità, persone con traumi di guerra, vittime di violenze, torture, persecuzioni. Se le persone vulnerabili individuate erano inserite in una famiglia, non la si doveva smembrare ma preservare nell'unità, anche nel comune trasferimento in Italia. In forma aggiuntiva e non sostitutiva del criterio della vulnerabilità, il Protocollo chiedeva di tener conto di due ulteriori fattori categoriali, ovvero di ammettere al progetto

> "persone che possano beneficiare di sostegno in Italia per la dichiarata disponibilità di soggetti singoli, chiese o associazioni, a provvedere inizialmente alla loro ospitalità e al sostentamento per un congruo periodo iniziale; persone che hanno reti familiari o sociali stabili in Italia e per questa ragione hanno dichiarato di volersi stabilire ed integrare nel nostro paese"[99].

[99] Art. 3 del *Protocollo di intesa per la realizzazione del progetto Apertura di Corridoi Umanitari*, 15 dicembre 2015, copia in ACSE.

Queste specificazioni rafforzavano l'opzione della libera scelta dei beneficiari da parte degli operatori dei corridoi, in quanto il possesso di legami con il paese di accoglienza, fossero sponsor, amici, parenti, reti solidali o altro, costituiva un incentivo per l'inserimento nei corridoi. Non era questione di raccomandare qualcuno, era piuttosto un guardare all'integrazione futura, più facile in un contesto amichevole, di cui il beneficiario si fidasse. Un'ammissione ai corridoi sulla scorta delle graduatorie dell'UNHCR non avrebbe potuto tener conto del tessuto sociale/familiare disposto ad accogliere i fruitori del progetto. Era la differenza tra un reinsediamento operato su base istituzionale statale e un corridoio umanitario operato con flessibilità dalla società civile.

Così il criterio della vulnerabilità è menzionato da Paolo Naso, a guida della rappresentanza negoziale valdese:

> "Il confronto [negoziale] fu centrato sulla definizione dei criteri di ammissibilità al programma [...] Parola chiave per definire i potenziali beneficiari del programma fu 'vulnerabilità'. Nella versione finale formalmente sottoscritta anche dai ministeri, infatti, si legge che il progetto intende affrontare e risolvere 'specifiche situazioni individuali che, per la loro vulnerabilità, sarebbero facili vittime del traffico o non avrebbero alcuna possibilità di raggiungere l'Europa, pur non rientrando nelle categorie previste dalla Convenzione di Ginevra, quali, a titolo esemplificativo, donne sole con bambini, donne vittime di tratta, minori non accompagnati, anziani, persone affette da disabilità o serie patologie'. È appena il caso di sottolineare il carattere innovativo e inclusivo della formulazione che pure richiamandosi ai criteri della convenzione di Ginevra non si limita a essi ma propone la categoria più am-

pia della 'vulnerabilità', assai più coerente – soprattutto – con la natura dei flussi di questi anni"[100].

Per eleggere i beneficiari dei *resettlement*, l'UNHCR utilizzava categorie standard riconducibili anche alla vulnerabilità: rifugiati con esigenze di incolumità, di cure sanitarie, di ricongiungimento familiare, persone oggetto di violenze e torture, donne e minori a rischio. Nei corridoi, va detto, la vulnerabilità era intesa in maniera più larga, prendendo in considerazione "*inter alia*, le condizioni di vita dei beneficiari, le opportunità di mezzi di sussistenza, la sicurezza alimentare, l'accesso all'educazione e il livello di protezione"[101].

La vulnerabilità, nei corridoi, non era primariamente interpretata come categoria sociologica o giuridica. Presupponeva un riconoscimento diretto, frontale, nella condizione personale concreta, esercitando un discernimento soggettivo. Quale profugo non è vulnerabile? Quale individuo in fuga da guerra, catastrofe, persecuzione, carestia, tortura non è vulnerabile? Per realizzare i corridoi occorreva scegliere tra gli innumerevoli esseri umani vulnerabili che si sarebbero incontrati nella realtà.

Nella sua versione finale, il Protocollo del primo corridoio recepiva in buona sostanza la linea delle associazioni proponenti. Delineata era la loro responsabilità sia per la gestione pratica delle operazioni nel paese terzo, il

[100] P. Naso, *Un'icona di speranza*, in M. Civico, *Badheea. Dalla Siria all'Italia con il corridoio umanitario*, Il Margine, Trento 2017, pp. 97-102, 100-101.

[101] European Commission, *Study on the feasibility and added value of sponsorship schemes as a possible pathway to safe channels for admission to the EU, including resettlement. Final Report*, October 2018, p. 58, https://op.europa.eu/en/publication-detail/-/publication/1dbb0873-d349-11e8-9424-01aa75ed71a1.

Libano, da cui far uscire i profughi, sia per i trasferimenti degli stessi, sia per l'accoglienza sul territorio italiano e la conseguente attività d'integrazione attraverso reti di volontari e comunità civili sparse su tutto il territorio nazionale. Nullo era l'esborso in denaro richiesto allo Stato, che forniva soltanto supporto amministrativo e investigativo, garantendo la legalità delle procedure. Le spese per i corridoi erano sostenute interamente dai loro promotori e dalle reti volontarie di solidarietà e accoglienza sparse sul territorio[102]. Con ogni evidenza, era la società civile a interamente gestire, autofinanziare e realizzare i corridoi umanitari.

Il corridoio aveva vari passaggi operativi, che si replicavano per ogni scaglione di beneficiari preparato alla partenza, prevedendosi due anni di tempo per esaurire i 1000 visti VTL resi disponibili dall'Italia. Una volta scelti i profughi da inserire nel corridoio, secondo la pratica delicata e complessa in parte descritta, si avviavano le richieste per ottenere loro i visti VTL onde lasciare il Libano ed entrare in Italia. I profughi, a norma del Protocollo, dovevano avere la possibilità di richiedere in loco questo visto VTL alle istituzioni consolari italiane. L'istanza doveva essere fondata sui citati motivi umanitari di vulnerabilità. Se accolta, non appena formato un gruppo numericamente consistente, si partiva per l'Ita-

[102] A titolo di esempio, si legge nel già citato Report, *Programma Corridoi Umanitari Italia-Libano 2018-2021*: "Gli oneri economici – spese pre-partenza, trasporto, spese sanitarie e dell'accoglienza – sono suddivise a metà tra le associazioni proponenti. FCEI e Tavola Valdese impegnano le risorse ricevute tramite l'8x1000 della Chiesa Valdese, le donazioni delle Chiese sorelle evangeliche in Italia, in Europa e a livello internazionale, le risorse dell'8x1000 della Chiesa Battista, dell'Unione Buddista italiana e di altre donazioni spontanee o fondi relativi a progetti di accoglienza. La Comunità di Sant'Egidio utilizza fondi provenienti dal 5x1000, da donazioni del Principato di Monaco, Fondazione Carlo Magno, ACRI, Unione Buddista Italiana, Media Friends, Edison EDF Group, Elemosineria Apostolica, donatori privati impegnati nell'accoglienza".

lia con un volo di linea. Proprio il tipo di viaggio semplice, rapido ed economico sognato da ogni migrante nelle mani dei trafficanti[103]. Il visto VTL non riguardava la richiesta di asilo o di altra forma di protezione internazionale, che sarebbe stata fatta dai profughi soltanto dopo il trasferimento in Italia.

Un criterio operativo eminentemente pratico, che abbiamo già visto rimarcato nel Protocollo, riguardava la corrispondenza tra la scelta dei beneficiari dei corridoi e le preferenze della società civile che avrebbe dovuto farsi carico della loro integrazione. Questo criterio deve essere ben spiegato.

L'accoglienza a chi arriva con i corridoi è demandata alla società civile e al suo volontariato. Si tratta di famiglie, di singoli privati associati, di reti parentali, di associazioni le più varie, di parrocchie e di chiunque altro voglia rendersi disponibile per garantire alloggio, cure, scuola, lavoro, impegnandosi anche a un sostegno economico fisso per un periodo mai inferiore a un anno. In questo senso, il modello d'integrazione della società civile che sorregge i corridoi è definibile come adottivo[104]. I profughi vengono accolti da gruppi o meglio comunità solidali che, su base locale, si organizzano per integrarli socialmente secondo i tempi più o meno lunghi che si

[103] Un esempio paradossale a questo proposito riguarda i profughi siriani che negli anni Dieci, a ogni estate ma non solo, cercano di raggiungere le isole greche di fronte alle vicinissime coste anatoliche con imbarcazioni di fortuna, pagando migliaia di euro per tragitti così brevi da essere alla portata di nuotatori esperti. Tali profughi rischiano speronamenti da parte della guardia costiera turca, e pagano comunque un prezzo in termini di vite umane (vedi la tragedia del piccolo Aylan). Ebbene, questi sventurati viaggiano in parallelo ai traghetti per turisti che percorrono gli stessi tratti di mare in pochi minuti, in tutta sicurezza e relax, sulla base di biglietti acquistabili con pochi euro.

[104] Vedi *infra* cap. 4.

rendono necessari. I beneficiari dei corridoi non vengono collocati in centri o infrastrutture anonime, ma sono oggetto delle premure di gruppi aggregati su base di volontariato, di filantropia laica, di altruismo religioso, di solidarietà familiare, di municipalismo cittadino, di struttura cooperativa. Qualunque ideale le muova, sono comunità in grado di realizzare la sperata integrazione, senza allarmare l'opinione pubblica come avverrebbe con il concentramento di migranti in strutture residenziali fisse, a spese dello Stato.

Ebbene, tali comunità esprimono volentieri delle preferenze, sia in base a disponibilità abitative sia in base a propensioni culturali: chi può accogliere una famiglia con bambini, chi dei single, chi delle vittime di guerra, chi delle persone mature, chi dei minori abbandonati, chi della gente istruita, chi dei contadini, chi degli artigiani, chi delle donne vittime della tratta, chi delle persone con traumi di guerra da curare, chi dei cristiani, chi dei musulmani, chi due persone, chi quattro, e così via. Richieste più o meno precise cui conviene andare incontro nella misura del possibile. Non si tratta di capricci ma di desideri correlati al tipo di ambiente in cui i richiedenti asilo andranno a inserirsi, e anche correlati alle possibilità logistiche, alle possibilità di cure, alle possibilità di lavoro, in funzione di una più facile inclusione nella società di approdo. La posta in gioco è l'integrazione. Sta all'abilità dei gestori dei corridoi far collimare offerta e domanda. Ovvero fare *matching* tra chi ospita e chi viene beneficato, tra opportunità di accoglienza e possibili beneficiari.

Questo criterio, che potremmo definire di mutue corrispondenze, si sarebbe rivelato fondamentale per il successo dei corridoi. Combinare bene offerta e domanda è cruciale per ottenere integrazione. La scelta dei beneficiari dei corridoi non può prescindere da ciò che si può offrire loro una volta giunti in Europa. L'inclusione nei corridoi non è azione fine a se stessa bensì volta al futuro. Il modello dei corridoi è vincente perché integra, ma l'integrazione inizia dalla scelta dei beneficiari operata nelle tende o nelle baracche di un campo profughi. L'essere istruiti, forti, volitivi non è criterio preferenziale. Lo è piuttosto l'essere vulnerabili, feriti, abbandonati. Occorre poi tenere in conto il valore delle reti umane e familiari che richiedono, esplicitamente o implicitamente, di essere corrisposte nella scelta dei beneficiari. Non sono reti per costruire successi professionali bensì per sostenere persone nel bisogno. Non mancano beneficiari dei corridoi che conseguono brillanti risultati negli studi e negli impieghi di lavoro. Ma il fine dei corridoi sta fondamentalmente nel soccorso umanitario e nell'integrazione.

Nulla di scandaloso se queste mutue corrispondenze sono giustificate dalla presenza di qualche parente in una determinata comunità, predisposta favorevolmente all'accoglienza. Ai fini di una buona integrazione, i legami familiari diretti sono importanti. Quando ci sono un fratello o una sorella già integrati, l'inclusione sociale di chi arriva è molto più facile. Evitare il ricongiungimento sarebbe un grave errore ai fini dell'integrazione. Gli Stati europei diffidano dei ricongiungimenti familiari, visti come un mero allargamento dei flussi migratori, e osservano norme piuttosto severe al riguardo. Tuttavia possono costituire una buona soluzione per risolvere casi di rifugiati in emergenza umanitaria, tra l'altro con vantaggio economico per i governi che delegherebbero gli oneri dell'accoglienza ai nuclei familiari. I corridoi consentono di praticare ricongiungimenti familiari legali non previsti dalle normative specifiche, intese a limitare piuttosto che favorire[105].

Parimenti non è male se talvolta chi offre disponibilità ad accogliere si reca, nell'intervallo tra l'inclusione nel programma e la partenza verso il paese di destinazione, a conoscere direttamente i beneficiari nel paese di transito. Non per un esame di qualità ma per stabilire un legame di fiducia e preparare meglio l'accoglienza.

I *resettlement* conoscono spesso difficoltà nel percorso d'integrazione. Si tratta di reinsediamenti istituzionali, di solito entro strutture pubbliche, distanti da un modello di sponsorship civile e d'impegno volontario. I rifugiati ricevono offerte di servizi ma non sempre vengono stimolati all'integrazione in maniera personale coinvolgente. Nei corridoi, gli esiti sono più facilmente positivi in quanto l'integrazione viene preparata fin dal momento della scelta dei beneficiari. Rispetto alle selezioni dell'UNHCR, metodologicamente impeccabili come ci si aspetta e ci si augura che siano, non è affatto uno scadere nel *pick and choose*, nel prendere secondo i propri gusti, ma una maniera di perseguire l'integrazione futura, un guardare oltre. La scelta deve essere in linea con le disponibilità esistenti nel sistema di accoglienza, altrimenti si operano forzature e si rischia di pregiudicare l'integrazione.

La prassi dei corridoi nella scelta dei beneficiari è influenzata dall'essere, i corridoi, iniziativa di una società

[105] Nella UE la materia, non senza riferimenti alle autoregolamentazioni nazionali, è comunque regolata dalla Direttiva 2003/86/CE del 22 settembre 2003 (https://eur-lex.europa.eu/legal-content/IT/ALL/?uri=CELEX%3A32003L0086). Da interpretarsi alla luce degli *orientamenti* forniti dalla Commissione Europea il 3 aprile 2014: cfr. *Comunicazione della Commissione al Parlamento Europeo e al Consiglio concernente gli orientamenti per l'applicazione della Direttiva 2003/86/CE relativa al diritto al ricongiungimento* (https://eur-lex.europa.eu/legal-content/IT/ALL/?uri=celex%3A52014DC0210).

civile mossa da compassione per le fragilità, da empatia per i vulnerabili, da desiderio di comunità, focolare, famiglia. Scegliere su tali basi ideali le persone vulnerabili da trasferire legalmente in Europa è forse politicamente poco corretto? In realtà, non può esistere una pura oggettività istituzionale che selezioni profughi e immigrati per l'ingresso in Europa senza commistioni di varia natura. Sarebbe ipocrisia sostenerlo. Grandi paesi come Regno Unito, Germania, Francia scelgono preferibilmente extracomunitari ben istruiti che incrementino le loro potenti economie. In generale, l'immigrazione economica nei paesi UE, per quel poco che viene praticata, si fonda sulla selezione in base a determinate caratteristiche e competenze. L'Unione Europea parla di Blue Card per procacciarsi immigrati professionalmente qualificati. Ideale di molti suoi governi sarebbe accogliere dall'estero soltanto scienziati e investitori.

E le liste stilate dall'UNHCR? Esprimono davvero distacco mentale, analisi obiettiva, ripetizione seriale delle procedure? Due osservazioni.

Accade che gli Stati, mentre trovano conveniente svolgere le ammissioni umanitarie affidandosi alle liste dell'UNHCR, onorandole del crisma dell'oggettività, al tempo stesso ne verificano discrezionalmente i nomi. Se non sono di loro gradimento, li cancellano dagli elenchi. Non abdicano alla loro sovranità in forza della pur conclamata oggettività dei riconoscimenti dello status di rifugiato operati dall'UNHCR. Vogliono scegliere chi far entrare. L'UNHCR è giustamente riverito come la massima autorità in materia di rifugiati ma poi le sue liste non sono accettate in automatico. Come rimarcato nel 2015 nella Raccomandazione della Commissione Europea sui *resettle-*

ment, ciascun paese della UE rimane responsabile per le singole decisioni di ammissione[106].

Del resto gli stessi rifugiati riconosciuti dall'UNHCR, di cui nessuno mette in dubbio il diritto all'asilo, sono tali non per imparziale e infallibile algoritmo ma per una selezione operata da menti umane e compiuta secondo coscienza umana. Che vi siano criteri oggettivi a limitare la discrezionalità soggettiva degli operatori dell'UNHCR, è indubbio. Ma nessuna scelta operativa, in questo campo, è asettica ed estrinseca alla sensibilità di chi la compie.

[106] Cfr. *supra* quanto riportato nella n. 90 in riferimento alla Raccomandazione.

4

LEGALITÀ E INTEGRAZIONE

1. Corridoi realizzati

Dopo il primo corridoio che porta in Italia un migliaio di profughi per lo più siriani, altri seguono, di dimensioni analoghe, ancora dal Libano e inoltre dall'Etiopia, verso la stessa Italia. Ma anche, per volumi minori, con destinazione Francia (800 profughi), Belgio (400 profughi), nonché Germania, Andorra, San Marino (alcune decine di profughi). Avviati nel 2021 nuovi corridoi da Grecia, Libia, Afghanistan, il numero dei rifugiati giunti in Europa attraverso i corridoi raggiunge, a fine 2022, le 5.849 unità. Queste le principali appartenenze nazionali dei beneficiari: siriani, eritrei, afghani, sudanesi, e poi, con flussi minori, somali, palestinesi, yemeniti, iracheni, etiopici, nigeriani, ivoriani, camerunesi, congolesi, maliani, e altri. Criterio di ammissione ai corridoi non è la nazionalità ma il bisogno di protezione. I beneficiari sono talora membri di minoranze oppresse, ma possono anche esprimere tutte le componenti demografiche di un determinato paese se si trovano in stato di vulnerabilità. Come nel caso della Siria, da cui irrompe nei corridoi un insieme di etnie: arabi, curdi, drusi, alauiti, palestinesi, armeni, e altri ancora.

I promotori dei corridoi variano. O per meglio dire, differenti sono volta a volta i partner di Sant'Egidio, in funzione delle possibilità operative offerte dai diversi protocolli stipulati con gli Stati. Contribuiscono così ai corridoi, oltre a soci storici come alcune Chiese protestanti[107], anche delle Conferenze Episcopali cattoliche e istituzioni e volontariati di origine islamica ed ebraica. I corridoi esprimono ecumenismo interconfessionale e dialogo interreligioso. C'è poi la cosiddetta "accoglienza diffusa", che per costruire percorsi di inclusione e autonomia vede l'impegno, oltre che dei promotori dei corridoi, di migliaia di volontari, di gruppi di famiglie, di comunità locali, di parrocchie, di sodalizi vari. In ogni caso, è sempre la società civile, nel suo *grassroots* associativo, confessionale, familiare, di cittadinanza attiva, a farsi carico dei corridoi, previo accordo con le autorità pubbliche.

Le pagine che seguono trattano dei corridoi dal Libano e dall'Etiopia, ultimati e rinegoziati più volte, tanto da consolidare un modello. Più avanti si descriveranno altri corridoi umanitari, per profughi dalla Grecia, dalla Libia, dall'Afghanistan, che presentano varianti operative.

I corridoi aperti con il Libano, aventi quali mete principali Italia, Francia[108] e Belgio[109], sono serviti finora soprat-

[107] Chiesa valdese (Italia), Federazione delle Chiese evangeliche in Italia, Fédération protestante de France, Fédération de l'entraide protestante de France, Église protestante unie en Belgique, Synode Fédéral des Églises protestantes et évangéliques (Belgio).

[108] Nel marzo del 2017 una rete di organizzazioni cristiane – Sant'Egidio-France, la Fédération protestante de France, la Fédération de l'entraide protestante, la Conférence des évêques de France, le Secours catholique – firma un Protocollo con il Ministero dell'Interno e il Ministero degli Affari Esteri di Francia per l'impianto di corridoi umanitari per profughi siriani e iracheni provenienti dal Libano, a seguito del quale sono ammesse in Francia 504 persone. Ad aprile 2021 il governo francese firma con Sant'Egidio-France e les Semaines Sociales de France un accordo per l'ingresso di 300 rifugiati siriani e iracheni, in corso di attuazione.

[109] Nel novembre 2017 il governo del Belgio stipula con la Comunità di Sant'Egidio e il Comitato *Together in Peace* un protocollo, conclusosi positivamente nel dicembre 2018 con

tutto per profughi siriani, riversatisi in massa nel piccolo paese mediterraneo. Lungo gli anni Dieci, la Siria è stata completamente sconvolta e destrutturata da una guerra civile iniziata, nel quadro delle "primavere arabe", come una protesta rivoluzionaria contro il regime di tirannia clanica degli Assad, per poi radicalizzarsi in un cruento scontro tra la forte componente sunnita del paese e le varie minoranze favorevoli al governo, determinando vuoti di potere che hanno consentito il costituirsi di entità territoriali autonome curde in ampie zone e, per qualche anno, l'esistenza del cosiddetto Stato Islamico (ISIS) su parti dei territori siriano e iracheno. Il conflitto intestino è stato largamente alimentato dall'esterno. Tra i paesi a vario titolo coinvolti nella crisi siriana, a favore dell'una o dall'altra parte belligerante, si contano Arabia Saudita, Turchia, Qatar, Stati Uniti, Russia, Iran, Giordania, Francia, Regno Unito, Irak, senza dimenticare entità armate sciite come la libanese Hezbollah o formazioni della variegata galassia jihadista sunnita inclusa Al Qaeda. La popolazione siriana, nel 2010 intorno ai 21 milioni, è oggi di numero largamente inferiore. I morti sono stati circa mezzo milione. La maggioranza della popolazione ha dovuto sfollare all'interno o all'esterno del paese.

Dei circa 6 milioni di profughi siriani nei paesi limitrofi, un milione e mezzo si è rifugiato in Libano, paese di 4,5 milioni di abitanti, molti dei quali originariamente anch'essi profughi da paesi circonvicini, come i palestinesi con i loro campi provvisori divenuti definitivi. Storicamente, il Libano è un luogo privilegiato di democrazia,

lo stabilirsi nel paese di 150 profughi siriani provenienti da Turchia e Libano. Nel 2021 un protocollo analogo prevede l'arrivo di altri 150 profughi. Il Comitato *Together in Peace* raccoglie, attorno a iniziative per il dialogo e la pace, i culti riconosciuti nel paese: Conferenza episcopale belga in collaborazione con Caritas, Chiesa protestante, Chiesa evangelica, Chiesa ortodossa, Chiesa anglicana del Belgio, esponenti del culto ebraico e islamico.

di coabitazione, di dialogo interreligioso, in un Medio Oriente turbolento e lacerato. L'ultimo mezzo secolo ha messo a dura prova queste caratteristiche del piccolo Stato arabo, omologandolo al contesto regionale. Il paese si regge su una delicata convivenza di gruppi e comunità diverse, il cui tradizionale equilibrio appare vieppiù minato da variazioni demografiche e flussi migratori in entrata e in uscita. L'economia, un tempo florida, si alimenta soprattutto alle rimesse, peraltro decrescenti, dell'ampia comunità libanese all'estero (circa 14 milioni di espatriati). Con alti tassi d'inflazione[110], uno squilibrio tra pochi milionari e masse di poveri, insicurezza diffusa per guerre e conflitti che da oltre mezzo secolo lo affliggono o lo circondano, il paese dei cedri conosce una situazione sempre più vicina all'implosione, pur tante volte annunciata e mai avvenuta. In ogni caso, una situazione agli antipodi della dolce vita degli anni Cinquanta del secolo scorso, sotto la protezione statunitense e francese.

Il biennio 2020-2021 è tragico: crollo economico, congelamento dei depositi bancari, deflagrazione e incendio a Beirut, fine delle speranze di rigenerazione politica, senza dimenticare il Covid. Non esiste welfare State ma un qualche surrogato di mutualità su base confessionale, come dimostrato ad esempio dalla folta comunità sciita, che peraltro vede in Hezbollah una sorta di rivolta dei poveri. Il paese appare spento come l'illuminazione urbana, diradata perfino nel centro di Beirut. La gran parte delle persone si sente defraudata. Aumenta l'emigrazione: i giovani diplomati verso l'Europa o i paesi del Golfo, i più poveri verso Cipro su barconi di trafficanti. Tanti immigrati, giunti da

[110] Nel giugno 2022 l'inflazione ha raggiunto il 210% su base annua.

Filippine, Bangladesh, Etiopia quando il Libano prometteva lavoro, chiedono di essere rimpatriati o comunque se ne vanno.

Il Libano ospita, proporzionalmente alla propria popolazione, il più alto numero di rifugiati nel mondo[111]. La reazione del governo di Beirut al massiccio afflusso di profughi siriani è stata di forte allarme per timore di una destabilizzazione dello Stato. I siriani non sono graditi, il loro numero è volutamente sottostimato nelle statistiche ufficiali, si vieta all'UNHCR di operare riconoscimenti, si trattengono i documenti, si proibisce di muoversi e di lavorare come pure di costruire case, si minacciano espulsioni. Ambienti politici e mediatici fomentano un clima discriminatorio verso i profughi, facendone il capro espiatorio della crisi del paese pur un tempo modello di coabitazione.

In realtà, una guerra fra poveri. Il 50% dei libanesi vive ormai sotto la soglia della povertà, soffrendo carenze di cibo e medicinali. La stessa sorte tocca l'89% dei profughi siriani rifugiati in Libano, con diffusi casi di sottoalimentazione[112]. Impensabile il loro ritorno in patria, un'incognita che per molti comporterebbe il rischio della vita a prescindere dai comportamenti individuali pregressi, come dimostrato da casi di rimpatrio seguiti da arresti, torture, sparizioni. Gli espatriati, per Damasco, sono disertori o oppositori.

[111] Cfr. il Report dell'UNHCR del 18 giugno 2021: *Global Trends. Forced displacements in 2020* (https://www.unhcr.org/statistics/unhcrstats/60b638e37/global-trends-forced-displacement-2020.html).

[112] Cfr. *2020 Vulnerability Assessment of Syrian Refugees in Lebanon*, indagine condotta da UNHCR, UNICEF, WFP, i cui risultati possono leggersi nel comunicato del 18 dicembre 2020, *Nine out of ten Syrian refugee families in Lebanon are now living in extreme poverty, UN study says* (https://www.wfp.org/news/nine-out-ten-syrian-refugee-families-lebanon-are-now-living-extreme-poverty-un-study-says).

La Siria era per antonomasia il paese della convivenza e del buon vicinato tra comunità, etnie, religioni diverse. Un paese solidale nella coabitazione trasformatosi nel suo opposto. Preda oggi dell'intolleranza, dell'odio, della rappresaglia, la Siria è irriconoscibile agli occhi degli abitanti residui. Dopo dieci anni di guerra, chi non è morto o sfollato deve sopravvivere fra centri urbani annientati, scuole e ospedali distrutti, famiglie smembrate, liste di proscrizione e di condanna. Non forse un sistematico genocidio fisico, ma certamente un genocidio culturale e geografico.

Sparsi in tutto il paese, i profughi siriani in Libano scelti come beneficiari dei corridoi provengono dai campi profughi del Nord e della valle della Beqaa, dalla grande Beirut, dalle periferie di Tripoli, dalle zone rurali dello Chouf, dai campi palestinesi di Sidone e Tiro. Molti di loro, per contrastare precarietà di vita e mancanza di prospettive, avevano preso contatto con trafficanti per sondare la possibilità di attraversare il Mediterraneo, sia per raggiungere l'isola di Cipro (a 189 km dalle coste settentrionali libanesi) sia per tentare la più lunga tratta che dalla tappa egiziana li avrebbe sperabilmente proiettati sul Canale di Sicilia. Il fatto che su entrambe le rotte già si contassero molte vittime tra i connazionali era accettato con fatalismo.

Esemplificativo della condizione dei siriani profughi in Libano è il campo di Tel Abbas, da cui provengono alcune delle famiglie beneficiarie dei corridoi. Sono baracche o tende di materiali di risulta, coperti da teli di nylon. All'apparenza, scatoloni messi in fila tra la polvere. Monolocali privi di servizi dove famiglie ammassate su stuoie cucinano, mangiano, fumano, stanno insieme, dormono, generano nuovi figli, senza spazi personali, senza igiene, e senza certezze di tornare un giorno a una vita normale. Il terreno del campo profughi, sorto spontaneamente, ha proprietari cui si paga un affitto. Nei primi anni, i profughi avevano costruito rifugi di mattoni ma le autorità libanesi li hanno obbligati a demolirli per mettere in chiaro la loro condizione di ospiti temporanei. I bambini non hanno la scuola. La sanità è un lusso a pagamento, agli adulti è vietato lavorare a meno che non paghino forti tasse, e se lavorano in nero rischiano il sequestro dei ricavi e il respingimento in Siria. Qualche sussidio internazionale arriva dall'UNHCR. Così si consumano gli anni. Per alcuni sono anche 8 o 9 trascorsi in quei pochi metri quadrati. Unica alternativa, rivolgersi ai trafficanti del mare.

Ai corridoi dal Libano si sono aggiunti, dal gennaio 2017, ulteriori corridoi umanitari per profughi dal Corno d'Africa e zone vicine, con base operativa in Addis Abeba. Si tratta di un corridoio realizzato a due riprese, per 500 e poi 600 persone, con l'Italia per destinazione. Ne sono responsabili, in accordo con lo Stato italiano, Sant'Egidio e la Conferenza Episcopale Italiana attraverso Fondazione Migrantes e Caritas.

Rispetto ai corridoi dal Libano, quelli dall'Etiopia sono stati negoziati con maggiore agilità. La questione dei criteri di scelta dei beneficiari si è riproposta. Si è discusso di inserzioni prioritarie, nel novero dei profughi da portare in Italia, di gruppi di persone riconosciute dall'UNHCR come rifugiati, prescindendo dal criterio della vulnerabilità già acquisito nel negoziato per il primo corridoio libanese. Criterio infine ribadito. Diversamente, le linee guida dei corridoi sarebbero state stravolte[113].

[113] Di quest'esito negoziale dà riscontro un appunto di Daniela Pompei a corridoio etiopico da poco avviato: "[Come nel corridoio dal Libano,] l'individuazione dei soggetti destinatari segue una specifica procedura e privilegia non coloro che sono già riconosciuti rifugiati

Perché dei corridoi umanitari dall'Etiopia? Per la situazione dei paesi circostanti, tale da produrre un gran numero di profughi.

La Somalia, sprofondata nell'insicurezza, non conosce vera pace dalla deposizione del presidente/dittatore Mohammed Siad Barre, nel 1991. Da allora, un vortice di fazioni armate a decine, e di tanti signori della guerra, ha diffuso anarchia, finché interventi militari esterni, da ultima la missione UNSOM delle Nazioni Unite, non hanno restituito qualche parvenza di unità. La Somalia odierna è un paese composto da sei Stati federali gelosi delle loro autonomie, lacerato da Nord a Sud dal contrasto fra autorità internazionalmente legittime e milizie islamiste di al-Shabaab, artefici di continui attentati oltre che di intermittenti occupazioni di territori e città. Paese poverissimo, non conosce sicurezza. La situazione umanitaria, aggravata da gravi disastri climatici, vede nel 2021 la metà della popolazione, 6 milioni su 12, bisognosa di aiuti internazionali anzitutto per sfamarsi. Gli sfollati interni sono 2,6 milioni, i rifugiati all'estero un milione, ma sarebbe più esatto dire l'ultimo milione, poiché la trentennale disgregazione dello Stato somalo ha finora prodotto milioni di espatriati, ormai non più profughi ma naturalizzati nei vari paesi in cui sono approdati.

Il Sud Sudan è indipendente dal 2011. Dopo l'agognata emancipazione dall'oppressione islamista del Nord è precipitato in conflitti etnici, specie fra dinka e nuer, candidandosi alla categoria dei *failed States* quasi nel momento stes-

nei programmi dell'UNHCR, che dispone di canali specifici attraverso gli accordi europei di Resettlement, ma quanti sono potenziali beneficiari secondo una valutazione condivisa da parte dei proponenti [...] Questa soluzione, come già verificato nell'attuazione del precedente protocollo, ha permesso di raggiungere persone che non avrebbero potuto entrare nei programmi ufficiali di Resettlement" (*Appunto situazione Protocollo Corridoi Umanitari CEI-Comunità*, di Daniela Pompei, 26 gennaio 2017, in ACSE).

so in cui prendeva forma come nazione sovrana. Le vittime si contano intorno alle 400.000. Su 12 milioni di abitanti, 2.200.000 sono i profughi esterni e 1.600.000 gli sfollati interni. Il tasso di povertà è cresciuto dal 50% al 76% in dieci anni. Oltre metà della popolazione soffre d'insicurezza alimentare e sopravvive grazie ad aiuti internazionali. La politica ha scarsa voce nel paese a causa del predominio di leader che ragionano in termini essenzialmente militari.

Il non lontano Yemen vive dal 2014 una guerra civile interna tra il movimento ribelle huthi, di ascendenza sciita, e la parte sunnita del paese, su cui si è innestato l'intervento militare esterno di una coalizione di paesi arabi, pure sunniti, guidata dall'Arabia Saudita. Il conflitto è andato così a caratterizzarsi per una variante locale del generale confronto fra sciiti e sunniti in atto nel Medio Oriente. Malgrado il potenziale militare di tale coalizione, espresso soprattutto con bombardamenti aerei, gli huthi, sostenuti dall'Iran, invece di cedere hanno guadagnato terreno, sicché l'Arabia Saudita, e gli Stati Uniti suoi sostenitori vorrebbero una soluzione di pace, che però non sembra vicina. Il conflitto ha provocato un numero imprecisato di vittime, dell'ordine di decine di migliaia, e soprattutto una catastrofe umanitaria. Necessita di assistenza internazionale l'80% della popolazione. Su 30 milioni di abitanti dello Yemen, gli sfollati sono oltre 4 milioni.

Dalla dichiarazione d'indipendenza dall'Etiopia, il 24 maggio 1993, l'Eritrea è governata da chi aveva combattuto contro la sovranità di Addis Abeba, e in particolare dal leader del Fronte di Liberazione del Popolo Eritreo, Isaias Afewerki, rivelatosi un astuto e spietato dittatore. Il governo di Asmara obbliga gran parte della popolazione a un servizio militare senza fine in cui si alternano lavori forzati e atti di violenza repressiva. La negazione della libertà e la mancanza di prospettive di sviluppo sociale sospinge tanti alla fuga dal paese. Gli eritrei sono un popolo in ostaggio del proprio regime politico. Molti cercano di fuggire all'estero. Una vasta diaspora eritrea si è costituita nei paesi vicini ma anche in Europa. Fra i morti dei barconi del Mediterraneo tanti sono gli eritrei.

L'Etiopia è da anni stabilmente fra i primi dieci paesi al mondo per presenza di rifugiati, mai sotto il milione. Sono dislocati in parte nelle città ma soprattutto nelle fasce di confine con Somalia, Eritrea e Sud Sudan, dove sorgono numerosi campi profughi e operano organismi internazionali di varia natura (UNHCR, IOM, WFP, MSF, OXFAM, CUAMM, ecc.) e cooperazioni di singoli paesi (Norvegia, Canada, Giappone, Danimarca, ecc.). Tradizionalmente l'Etiopia ha una politica di accoglienza e tolleranza verso i profughi, anche se delega alle grandi agenzie e cooperazioni internazionali la gran parte della logistica e della sussistenza. Le maggiori criticità riguardano i programmi di *resettlement*, molto esigui, che comunque non dipendono dal governo di Addis Abeba ma dalla comunità internazionale. I profughi che hanno qualche disponibilità si rivolgono ai trafficanti per tentare di raggiungere l'Europa.

Il conflitto interno scoppiato in Etiopia nel novembre 2020, tuttora irrisolto, ha determinato grave incertezza circa la sorte dei profughi, specialmente eritrei. Lo scontro vede confrontarsi sanguinosamente il potere centrale, che esprime parte della complessa configurazione etnica del paese, e la minoranza tigrina a lungo dominante il paese con l'uomo forte Meles Zenawi, scomparso nel 2012. Non manca il coinvolgimento di altre fazioni all'opposizione tra cui spiccano i ribelli oromo. La guerra ha comportato l'ingerenza dell'Eritrea, inaspettatamente alleatasi con il governo di Addis Abeba, apparentemente al duplice fine di contrastare gli storici avversari tigrini[114] e di colpire i numerosi fuoriusciti eritrei rifugiati in campi del confinante Tigrai. A causa di questo conflitto, oltre che paese di asilo più o meno temporaneo per tanti stranieri, l'Etiopia diventa essa stessa, nella sua vastità geografica, e con i suoi 115 milioni di abitanti, un paese colmo di rifugiati, tecnicamente degli sfollati se le diverse fazioni etniche interne non si guardassero come appartenenti a patrie diverse.

I beneficiari dei corridoi dall'Etiopia sono di varia origine. Accanto a sud-sudanesi, somali, yemeniti, numericamente gli eritrei costituiscono di gran lunga, in ogni gruppo in partenza, la prima nazionalità. Come già accennato, gli eritrei patiscono un regime tirannico, che inquadra quasi tutta la popolazione adulta in un servizio militare a vita in cui si è ridotti a schiavi, comandati ai lavori che decide lo Stato. Per essere tramutati in docile manodopera del regime, si viene privati dei diritti umani, sottoposti a maltrattamenti e torture, esasperati da privazioni e punizioni. I ragazzi e le ragazze che si avviano a concludere la scuola hanno un esame di Stato che seleziona i pochi abilitati a continuare gli studi. Tutti gli altri, senza distinzione di genere, sono arruolati a vita, e di

[114] Invero i rapporti fra tigrini ed eritrei costituiscono una questione controversa, così come contrastanti sono le tante versioni e interpretazioni fornite dagli osservatori internazionali sull'attuale guerra civile etiopica. Secondo taluni, una parte dei tigrini aspirerebbe a un Grande Tigrai, mentre a sua volta il governo di Asmara vagheggerebbe una Grande Eritrea. In linea teorica, l'Eritrea potrebbe essere considerata in parte territorio del Tigrai, ma anche, al contrario, il Tigrai potrebbe essere considerato una regione dell'Eritrea. Proiezioni ideologiche di un Occidente abituato a ragionare sulla misura dei propri nazionalismi? La realtà sembra comunque complessa e sfuggente. Estremamente complicati sono gli intrecci etnici e religiosi fra le due regioni del Corno d'Africa. Il 55% della popolazione eritrea è tigrina, così come il tigrino è la lingua più diffusa in Eritrea. In ogni caso, i rapporti fra Eritrea, Tigrai, Etiopia, dipendono molto, alla prova della storia, dalle relazioni fra le loro leadership, raramente amichevoli.

volta in volta assegnati ai lavori decisi dai superiori, spesso di bassa manovalanza nelle miniere o nelle costruzioni. Gli addestramenti militari sono estenuanti e insensati. Marce di 50 km possono essere la norma. Si vogliono fiaccare le volontà e le resistenze dei singoli. Nessuno, uomo o donna che sia, può liberamente orientare il proprio destino. Chi è destinato al combattimento viene abituato a essere crudele e spietato. Le efferatezze compiute dalle truppe eritree in Tigrai nel 2020-2021 sono opera di militari precedentemente brutalizzati nella loro patria, fino a perdere il sentimento di umanità.

L'obiettivo di molti giovani eritrei, fin da minorenni, sta nel nascondersi, sfuggire alla coscrizione e riparare all'estero, se possibile raggiungendo la vasta diaspora eritrea in Occidente. Tutte le rotte possibili sono percorse, anche le più pericolose, come quella tristemente nota del Sinai, dove terroristi islamisti, in sostanza briganti, li sequestrano a centinaia per ottenere riscatti in denaro dai familiari, esibendo torture per muovere a pagare.

Non tutti i giovani eritrei inclusi nei corridoi umanitari sono per la prima volta in fuga dalla loro terra. C'è chi è stato precedentemente catturato mentre cercava di espatriare e ha subito pene traumatiche, imprigionato in spazi angusti scavati sottoterra, senza luce del sole, senza cibo e acqua, costretto ad assistere a esecuzioni sommarie, o torturato in modo crudele.

Fino alla recente crisi interna, i fuoriusciti eritrei erano accolti in Etiopia senza ostilità. Potevano registrarsi e ottenere permessi per muoversi e lavorare. Erano vittime di un regime considerato ostile all'Etiopia, e come tali erano bene accolti. Nel novembre 2020, la sorprendente alleanza di guerra fra i governi di Addis Abeba e di Asmara contro il fiero e combattivo Tigrai, territorio etiopico ai confini con l'Eritrea, ha gettato i profughi eritrei in Etiopia in una condizione rovinosa. L'esercito eritreo, sconfinato in Etiopia per nuocere ai tradizionali nemici tigrini, ha investito immediatamente anche i campi profughi del Tigrai, popolati da fuoriusciti che il regime di Isaias Afewerki voleva eliminare.

Due brevi storie possono illustrare quella vulnerabilità per cui tanti eritrei sono stati inclusi nei corridoi umanitari. Si tratta di due persone giunte in Italia il 27 maggio 2021.

Ruta Gebresilase Gebru, 23 anni, asmarina, senza padre dalla nascita, cresce con i fratelli e la madre che vende carbone per strada. All'addestramento militare cui è destinata appena finita la scuola, apprende che un fratello maggiore, epilettico, è morto, e la sorella ha avuto gravi ustioni per un incidente. Ottiene tre giorni di permesso, ma per poche ore di ritardo nel rientrare viene punita ed è legata, mani e piedi, per diversi giorni. Nell'esercito costruisce prigioni sottoterra e fa guardie. Scappa per tornare a casa ma viene ripresa, incarcerata, incatenata a terra e poi costretta a fare guardie anche per cinque notti di seguito senza poter dormire. Viene presa di mira da un comandante sadico che la accusa di fatti non veri per bastonarla ripetutamente ogni giorno. Convinta che senza fuggire l'attende solo la morte, riesce a riparare in Etiopia, dove trova i corridoi umanitari.

Robel Tesfay Woldemichael, 27 anni, della cittadina di Adi Key, voleva ritardare la fine della scuola facendosi più volte bocciare, per non andare soldato. A 17 anni compiuti, l'esercito lo ha comunque cercato per vincolarlo a vita al servizio militare, e lui è scappato. Di notte, è riuscito ad attraversare il confine con l'Etiopia. Per lungo tempo, ben dieci anni, la sua intera giovinezza, è stato nel campo profughi di Shmelba, sopravvivendo con lavoretti informali. A inizio 2021, le truppe eritree invadono il Tigrai e puntano al campo, che viene bombardato. Lui fugge sotto il fuoco incrociato dei belligeranti, vedendo molti compagni morire. Dentro una colonna di settemila sfollati dal campo si mette in salvo e tenta di raggiungere Addis Abeba, fidando nella sua ottima conoscenza dell'amarico. Per superare i blocchi che intercettano tigrini ed eritrei provenienti dai campi profughi, si nasconde sotto un camion. Nella capitale riesce a inserirsi nei corridoi umanitari.

Previsioni sul ritorno alla pace dell'Etiopia sono difficili. L'attuale governo è accusato dall'Occidente di tendenze genocide verso i tigrini, ma è sostenuto da mondo arabo, Turchia, Russia e Cina, anche sul piano degli armamenti. La fine del conflitto interno non sembra prossima. Teoricamente, le odierne autorità di Addis Abeba esprimono un'idea federalista dell'Etiopia, dopo secoli di tradizione centralista che ha visto il suo epilogo nel regime di Menghistu, rovesciato nel 1991. La guerra in corso rivela l'estraneità alla storia etiopica di tale progetto federalista, che gli stessi tigrini di Zenawi, al potere fino a una decina d'anni fa, declinavano sulla base della loro egemonia politica e militare, realizzando antinomicamente una sorta di decentramento garantito dalla concentrazione del potere nelle loro mani. Non è dato sapere se il premier Abiy Ahmed riuscirà a mantenere il potere. Figlio di un oromo musulmano e di una amhara cristiana, egli sembrava attuare una politica di conciliazione etnica, per la quale ha pure ottenuto il premio Nobel. Questa politica è stata messa in crisi dalla maniera in cui le varie componenti etniche del paese interpretano lo schema federalista, inteso come luce verde per i propri progetti di egemonia territoriale oppure di secessione, in assenza di un potere centrale forte che le induca a unità nazionale, ma anche di un quadro politico favorevole a mediazioni e compromessi unitivi.

2. La scelta

Per essere inclusi nei corridoi umanitari, condizione principale è l'essere soggetti vulnerabili. La si verifica mediante la documentazione disponibile e la conoscenza diretta dei profughi. Essere vulnerabili non significa semplicemente avere patologie e mancare di una rete di sostegno: è qualcosa che si valuta nella condizione d'insieme della persona. I criteri della Convenzione di Ginevra del 1951 e del connesso Protocollo di New York del 1967, cui gli Stati si attengono nel riconoscimento dei rifugiati, riguardano coloro che sono costretti a lasciare il loro paese nel fondato timore di subire un danno grave, ovvero casi di persecuzione individuale, cosa che privilegia i single, le persone isolate, e frequentemente lascia fuori persone vulnerabili, deboli, malate, inabili al lavoro, la cui resilienza è connessa allo stare entro un nucleo familiare, come avviene per minori, disabili, anziani. Al di là di Ginevra, occorre entrare in profondità nelle situazioni e capire il reale stato di necessità.

Questo compito viene assolto dalle missioni operative delle organizzazioni cristiane promotrici dei corridoi, a Beirut come ad Addis Abeba, città cui guardano due macroregioni continentali turbolente, tanto da divenire grossi snodi di flusso e stanziamento di profughi di diversa provenienza. Sono task force umanitarie con un massimo di venti operatori (ma in tempi di Covid si sono assottigliate) che lavorano in sinergia con le varie agenzie ed entità internazionali presenti, dall'UNHCR all'IOM[115], all'UNRWA[116], alla Croce Rossa Internazionale, ma pure con le ONG locali ed estere, con le diverse espressioni della società civile, e via dicendo. Per fare l'esempio di una collaborazione tra le più felici, in Libano è radicata, con suo personale stabile, la Comunità Papa Giovanni XXIII - Operazione Colomba, i cui operatori fanno base nel campo profughi di Tel Abbas (Nord Libano). Di fondazione riminese prima di farsi cosmopolita, la Giovanni XXIII ha avuto un ruolo importante nella costruzione dei corridoi, segnalando come eleggibili persone estremamente vulnerabili e introducendo gli organizzatori dei corridoi in ambienti di cui avevano conquistato la fiducia. Sempre per restare all'esempio libanese, esistono collaborazioni, scambi, contatti, segnalazioni anche con Médecins Sans Frontières, Terre des Hommes, Save the Children, o con la meno famosa Associazione Assomud per i profughi siriano-palestinesi, e poi con le varie comunità cristiane (cattoliche, ortodosse, evangeliche) e musulmane, pure sfrangiate in diverse correnti[117]. L'unica discriminante per collaborare sta nel riferimento al criterio della vulnerabilità. Se dei profughi vengono segnalati agli organizzatori dei corridoi, ciò non deve accadere per parametri diversi da questo, fossero politici, confessionali o altro.

[115] International Organization for Migration, agenzia collegata delle Nazioni Unite.
[116] United Nations Relief and Works Agency for Palestine Refugees in the Near East.
[117] Cfr. Comunità di Sant'Egidio, FCEI, Tavola Valdese, *Benvenuti in Italia. Programma Corridoi Umanitari: i primi 1000 ingressi dal Libano,* Roma 2018, pp. 4-5. Copia di questo Report sulla realizzazione del primo corridoio organizzato dal Libano, prodotto nell'ambito della collaborazione delle associazioni proponenti i corridoi con i Ministeri degli Affari Esteri e dell'Interno, in ACSE.

Di segnalazioni ricevute, in effetti, se ne contano decine di migliaia l'anno, provenienti dalle entità appena citate, ma anche da ogni angolo del mondo, spesso da parenti dei profughi da evacuare, e naturalmente dagli stessi aspiranti beneficiari. Sono il primo passo per il processo d'inclusione. Le segnalazioni vengono verificate una per una. Successivamente occorre stabilire una relazione stretta con le persone le cui condizioni sembrano tali da suggerire l'inserimento nei corridoi. Prima di essere accettati, i candidati con il requisito della vulnerabilità sostengono numerosi colloqui, tre come minimo ma si tende a farne di più.

Nei colloqui si scandaglia la storia personale e si chiariscono le condizioni alle quali si potrà usufruire dei corridoi. Preziosi in questa fase i mediatori culturali che lavorano per i corridoi, persone madrelingua dei profughi già pienamente inserite nelle società europee. Si affrontano, nei colloqui, le situazioni familiari e sociali in senso largo, le ragioni della fuoriuscita dal proprio paese, la formazione culturale e professionale, i motivi della ricerca di protezione internazionale, i fattori di vulnerabilità. In particolare, si spiega la problematica giuridica dell'asilo, mettendo bene in chiaro che i fruitori dei corridoi non dovranno lasciare il paese ove saranno accolti. Qualora lo facessero, perderebbero il diritto di restare in Europa, essendo il corridoio basato sul visto a validità territoriale limitata (VTL), valido solo per il paese che promuove il corridoio. Allo stesso modo si spiega come, nei primi anni dopo avere ottenuto la protezione internazionale, siano ammessi, in altro paese UE, solo due soggiorni di non oltre tre mesi nell'arco di un anno, e soltanto dopo cinque anni ci si può trasferire stabilmente, altrimenti si rischia di cadere in una condizione di irregolarità nel paese di trasferimento.

I colloqui sono anzitutto finalizzati a comprendere i livelli di vulnerabilità. Occorre stabilire delle priorità, dato che tutti presentano severe vulnerabilità. Non c'è siriano in fuga da una guerra impietosa, eritreo in fuga da una crudele dittatura, sudanese in fuga da una guerra civile tribale, iracheno in fuga da un paese dilaniato tra fazioni etniche, somalo in fuga da una terroristica anarchia, che non abbia le sue vulnerabilità. Non sia cioè vittima di guerra o di tortura, non rechi minori a carico, non presenti disabilità, non soffra di traumi psichici, non sia troppo anziano o troppo giovane o troppo solo, non costituisca un caso medico, non abbia perso violentemente dei familiari. Comune a tutti è pure una condizione di difficoltà dovuta all'alloggio, per anni, in tende, baracche, tuguri, garage, case abbandonate o fatiscenti, senza accesso a servizi sanitari e scolastici. Anche i nuclei familiari, spesso composti da donne sole con minori, sperimentano disagio profondo.

In secondo luogo, le conversazioni servono per responsabilizzare i beneficiari e valutare la profondità della loro adesione al progetto dei corridoi, inclusa la determinazione a non darsi a movimenti secondari e ad affrontare le possibili difficoltà dell'integrazione. Non da ultimo, i colloqui sono preziosi per far corrispondere, come si spiegava, i profili dei fruitori dei corridoi con le disponibilità dell'accoglienza nel paese europeo di approdo.

Prima di concludere i diversi round d'incontri, i possibili beneficiari firmano una dichiarazione formale in cui prendono atto delle motivazioni dei corridoi umanitari, delle modalità relative alle procedure d'asilo, dei loro diritti e doveri in quanto potenziali rifugiati, e s'impegnano a un percorso d'integrazione nel paese d'accoglienza basato sul rispetto delle sue leggi, sull'apprendimento della lingua, sulla scolarizzazione dei minori, sull'accettazione del lavoro che fosse disponibile. In questa dichiarazione, redatta nella lingua madre del firmatario, si assicura di rimanere nel paese per il quale si ottiene il visto VTL, e si prende conoscenza dell'impossibilità di ritornare nel paese di origine come pure in quello di transito, una volta riconosciuti come rifugiati (a meno di non rinunciare a tale status).

I trasferimenti dei beneficiari avvengono non appena deciso che l'istruttoria è conclusa con la certificazione che le persone esaminate rientrano nella categoria dei più vulnerabili. Non secondariamente, si accerta l'instaurarsi di una relazione di fiducia reciproca. Questo è rilevante: i corridoi non sono un'attività istituzionale che recluta beneficiari e li trasferisce contrattualmente da ente a ente bensì un'attività della società civile che sottintende un patto d'onore. A questo fine gli organizzatori verificano che le storie raccontate siano plausibili e stabiliscono un rapporto personale, dopo di che illustrano ciò che accadrà una volta giunti a destinazione in termini di accoglienza comunitaria. Quasi sempre, chi intervista i potenziali beneficiari non ne perde le tracce dopo il trasferimento ma ne segue il percorso d'integrazione.

Effettuati tutti i controlli di sicurezza dalle rappresentanze consolari del paese di destinazione, che sono laboriosi e presuppongono molteplici livelli d'indagine, si arriva al rilascio del visto VTL. Si tratta quindi di formare un gruppo in funzione del vettore aereo che porterà nel paese di destinazione. Non ci sono vincoli sui tempi di queste pratiche preparatorie, alcuni casi sono veloci a trattarsi mentre altri richiedono pazienza e attesa, ma si può indicare una media di sei mesi dalla conoscenza personale del beneficiario alla sua partenza.

Che dal primo contatto al trasferimento passi poco tempo è importante. Non sembri ovvio dire che alle partenze non manca nessuno. I beneficiari devono pur credere nella proposta per decidere di muoversi. Devono avere fiducia, e dimenticare qualsiasi altro contatto possano avere avuto con trafficanti o chiunque altro prometta ingresso in Europa in cambio di denaro. Differente è il caso degli appuntamenti per i *resettlement*, che generalmente finiscono per realizzare il sogno di un reinsediamento in un paese sicuro ad anni di distanza dal riconoscimento di tale prerogativa. Nei *resettlement* non è inconsueto il presentarsi di una minoranza degli aventi diritto all'imbarco, non avendo gli assenti voluto attendere per anni in una prospettiva di incertezza senza tentare altre strade per assicurarsi una sopravvivenza dignitosa, fossero pure quelle illegali dei trafficanti di esseri umani.

All'arrivo nel paese di destinazione c'è la fotosegnalazione e di nuovo la presa delle impronte digitali, oltre all'ultima verifica negli archivi digitali europei. "La sicurezza, sia di chi parte sia di chi accoglie, mostra l'impatto *win-win* del modello"[118]. All'area di sbarco, dove sostano per alcune ore a espletare le pratiche d'ingresso, i beneficiari dei corridoi sono attesi da una sorpresa. Una vera e propria festa, con fiori per tutti, video e fotografie, canti e giochi per i bambini, ristori e accoglienze personalizzate, discorsi di una qualche solennità visto il momento irripetibile della loro esistenza. Le offerte floreali, i sorrisi incoraggianti, gli applausi di benvenuto stupiscono qualche osservatore per così dire essenzialista. Ma i promotori tengono ferma l'idea di un'atmosfera festosa, come iniezione di fiducia per persone trepidanti e spaesate. Sbarcare in un paese sicuro, per ciascun beneficiario dei cor-

[118] Impagliazzo, *I corridoi umanitari. Una via legale e sicura per l'Europa*, cit., p. 179.

ridoi, è una grande vittoria sul destino, e va in qualche modo celebrata. Inoltre, il primo istante della nuova vita indirizza l'integrazione successiva più di quanto razionalmente s'immagini. L'integrazione, certo, è un processo, dura anni, passa per l'apprendimento della lingua, per la scuola, il lavoro, l'inserimento abitativo, le relazioni sociali e altro ancora. Ma l'avvio non si dimentica. Fa differenza se allo sbarco ricevi fiori, parole di benvenuto, buon cibo.

Di regola, a ogni arrivo corrisponde una conferenza stampa. Così la spiegano gli organizzatori dei corridoi:

> "In una sala interna, concessa da Aeroporti di Roma, si sono tenute spesso delle conferenze stampa con la partecipazione dei rappresentanti dei ministeri interessati e delle associazioni. La comunicazione sociale intorno ai Corridoi Umanitari è stata importante nel fornire una conoscenza corretta e diretta dei rifugiati. Donne, uomini, bambini segnati dai dolori e dalle sofferenze della guerra e delle persecuzioni. Storie autentiche la cui conoscenza mitiga le paure e i pregiudizi che impediscono di vedere nell'altro la somiglianza con noi stessi. L'arrivo in sicurezza, la presenza di famiglie e volontari che scelgono di accogliere a loro spese rispondono ai timori dell'invasione. Sono l'immagine di un'Italia bella e generosa che offre l'opportunità di una vita nuova a persone vulnerabili in fuga da guerra e violenza"[119].

[119] *Programma Corridoi Umanitari Italia-Libano 2018-2021*, cit., p. 21. A dimostrazione dell'efficacia delle conferenze stampa e della solennizzazione dell'accoglienza agli arrivi si citano alcuni dati: "[Tra gennaio 2018 e maggio 2021] sono stati pubblicati 832 articoli usciti sulle principali testate nazionali e in numerosi quotidiani e riviste locali e 1530 articoli su siti web. I Corridoi Umanitari sono stati molto presenti in TV: 220 sono stati i servizi trasmessi dai canali televisivi a cominciare dalle reti del servizio pubblico (Rai1, Rai2, Rai3, RaiNews24 e diverse edizioni dei TG regionali); 138 sono stati i servizi andati in onda sulle principali emittenti radiofoniche nazionali e locali...".

Mostrare il funzionamento dei corridoi è utile per allargare la rete di solidarietà che li sostiene. Non è questione di pubblicità ma di opportunità. Gli arrivi, spesso trasmessi in televisione, suscitano offerte di ospitalità e contatti utili per dare asilo a successivi beneficiari. La conferenza stampa direttamente in aeroporto non è un sovrappiù ma una maniera di far conoscere un evento positivo per il paese e di risvegliare la società civile.

In ogni caso, la prima immagine che si ha dell'accoglienza in una nuova vita resta per sempre. Un sorriso, una gentilezza, un regalo in quel frangente non si dimenticano. Questo vale per i primi passi nel paese d'accoglienza e anche per i primi passi una volta accompagnati alla casa dove inizierà la nuova vita. Così una volontaria di Macerata riferisce l'arrivo di una famiglia siriana dei corridoi:

> "Ho avuto il privilegio di salire in casa con Lilian e le bambine per la loro prima volta. Sono rimaste senza parole, lei credo commossa, le bambine si sono accese. Toulin in particolare quando ha visto la cameretta si è illuminata. Poi mi ha chiesto se fosse casa mia, io ho risposto che no, è casa sua, e lei ha sorriso con tutto ciò che ha, anche le sue trecce. In quel momento mi sono chiesta se abbia mai avuto una casa. Tulay, uscita in balcone, mi ha chiesto se in questa città nevica. Giro a tutti voi il grazie e l'abbraccio di Lilian"[120].

[120] Messaggio WhatsApp del 5 novembre 2021, in possesso dell'autore.

3. Come integrare

Inizia quindi il percorso dell'integrazione, intesa come un mettere i beneficiari in condizione di "elaborare un vero processo di vita"[121]. Gli organizzatori dei corridoi verificano la qualità dell'accoglienza, effettuano sopraluoghi, convocano corsi di formazione, fanno riunioni, inviano informazioni, consigliano nelle criticità.

Qui si parlerà in particolare del caso italiano. Tutte le regioni della penisola sono coinvolte nell'ospitalità dei profughi giunti con i corridoi. Si può essere accolti in grandi centri urbani, in capoluoghi di provincia o in piccole cittadine, in paesi costieri o in paesi montani. Disponibilità è stata offerta in centri minori sofferenti spopolamento ed esodo dei giovani, fino al caso limite di una famiglia di 3 persone accolta in un paesino piemontese di 7 abitanti residui. Similmente altri beneficiari dei corridoi sono stati accolti in centri appenninici, dove migrazioni economiche interne e terremoti hanno trasformato terre faticosamente lavorate lungo i secoli, e tanto civilmente antropizzate, in aree senza vita[122]. Le città metropolitane hanno pure ospitato. Roma fa la parte del leone avendo accolto oltre il 20% di tutte le persone giunte con i corridoi. Prevale comunque, con il 48% dei casi, l'ospitalità in Nord Italia, a seguire il Centro con il 35% e il Sud con il 17%. Si cerca di distribuire sul territorio, con la cautela di evitare concentrazioni dai grandi numeri, per favorire l'integrazione, più facile nelle dimensioni familiari.

[121] L'espressione in E. C. Del Re, *Da Corridoi Umanitari a Corridoi di Sviluppo*, in *Corridoi umanitari, una pratica replicabile*, luglio 2020, Atti della Web Conference tenutasi il 26 maggio 2020, pp. 15-19, 15 (https://www.esteri.it/mae/resource/doc/2020/10/corridoi_umanitari_una_pratica_replicabile._atti_della_conferenza_-_luglio_2020_def-compresso.pdf).

[122] Lo descrive suggestivamente Paolo Rumiz in *Il filo infinito*, Feltrinelli, Milano 2019.

L'accoglienza è affidata alla società civile nelle sue espressioni più varie. A farsene carico sono famiglie solidali, volontari di varia estrazione, singoli e associazioni, parrocchie. Chi accoglie reperisce case, organizza percorsi d'apprendimento linguistico rapido, iscrive a scuola, registra all'anagrafe e al Servizio Sanitario Nazionale, garantisce un supporto economico mensile, fornisce assistenza legale per seguire le pratiche dell'asilo. I profughi vengono inseriti entro reti di comunità, laddove svariate interazioni possono consentire di trovare lavoro e rendersi autonomi (obiettivo perseguito nel medio termine di due anni per i potenzialmente abili). Più comunità e meno struttura: è la formula per l'integrazione. Per questo sono tante le persone coinvolte. Tra quanti ospitano, quanti offrono collaborazione volontaria, quanti sostengono in varie maniere si raggiungono, fra 2016 e 2021, le decine di migliaia.

Nei territori si crea un contagio virtuoso: numerose reti locali, dopo avere integrato dei profughi e averli resi autonomi, chiedono di ospitarne altri, segno di una modalità di accoglienza non episodica e temporanea, gradita dall'ambiente.

Accogliere non è facile. Tutto va spiegato. Le pratiche burocratiche vanno affrontate insieme. Chi giunge da anni di vita in tende, in rifugi di fortuna, in campi profughi, non ha idea di scadenze di pagamento e procedure telematiche, di gestione e manutenzione della casa, di bollette e autorizzazioni. Non basta iscrivere i bambini a scuola, occorre che abbiano risultati e per questo serve metter su un doposcuola poiché le famiglie, quantomeno per motivi linguistici, non sono in grado di aiutare. Il buon inserimento scolastico, con il veloce apprendimento linguistico dei bambini, fa da traino all'inserimento sociale e linguistico dei genitori, che socializzano con i genitori dei compagni di scuola. Anche l'integrazione sul lavoro va seguita, per accordare le alterità culturali.

Se l'integrazione viene pensata in forma istituzionale, anziché in maniera personalizzata e dunque con certo grado di spontaneità e slancio, funziona meno bene o non funziona affatto. Non ci sono orari nel quotidiano di chi assume la responsabilità di accogliere, e allo stesso modo non esiste un traguardo preciso che consenta di dire "missione compiuta". Nessun automatismo dismissivo, a differenza del sistema pubblico italiano, che sia fatto di CPA, CAS, SPRAR, SIPROIMI o del SAI ultimo nato fra gli acronimi che designano tale sistema[123], necessariamente regolato da scadenze oltre che da legittimi e giusti obiettivi.

Così un volontario di Treviso che accoglie una famiglia siriana cristiana:

"Non è semplice per niente. Siamo partiti che non sapevamo niente, né da che mondo venivano. Che vuole dire siro-ortodosso? [...] Niente era ovvio. Loro, quando sono arrivati, non sapevano dove si trovavano, stavano come 'un ciuco in mezzo al traffico'. Mille domande e mille risposte da trovare: la raccolta differenziata, come si fa? Non basta Google per capirsi. La gestione della casa, dopo anni di vita irregolare, diventa come tanti esami universitari da superare: tenere la contabilità, pianificare le spese, i prezzi, l'euro. Niente è 'nor-

[123] CPA: Centri di prima accoglienza; CAS: Centri di accoglienza straordinaria; SPRAR: Sistema di protezione per richiedenti asilo e rifugiati; SIPROIMI: Sistema di protezione per titolari di protezione internazionale e per minori stranieri non accompagnati; SAI: Sistema di accoglienza e integrazione, ultimo nato con il DL 130/2020. Per un inquadramento di questa intricata materia si rinvia agli studi di Nadan Petrović, tra cui *Storia del diritto d'asilo in Italia (1945-2020). Le istituzioni, la legislazione, gli aspetti socio-politici*, cit.; *Rifugiati, profughi, sfollati. Breve storia del diritto d'asilo in Italia*, FrancoAngeli, Milano 2016; *Come ripensare il nostro sistema d'asilo*, "Limes", 6, 2015, pp. 157-164.

male': pagare le bollette, andare alla Posta. Il medico di base: come rapportarsi? Ci sono da imparare la gestualità, i toni. Il fraintendimento è sempre dietro l'angolo: basta interpretare male un tono di voce usato da un medico per non tornare alla visita di controllo. Ma succede anche a noi..."[124].

Accogliere è una sfida stimolante. Occorre discernere in quale misura rispettare le tradizioni e le propensioni dei nuovi arrivati e in quale misura essere esigenti nel chiedere rispetto per norme, abitudini, costumi della civiltà che ospita. Visioni, idee, sensibilità dei beneficiari possono essere diverse da quelle prevalenti nei paesi occidentali. Le morali familiari pure. Talora le famiglie sono di stampo patriarcale, rette sulla predominanza maschile. Le donne sono poco libere, gli uomini non sono contenti di vederle lavorare, e loro stesse sovente preferiscono restare in casa. Le concezioni educative differiscono da quelle europee.

I dilemmi dell'alterità culturale, in genere, si sciolgono positivamente nei rapporti umani, che sono insostituibili, e non nella contrapposizione di ragioni e argomenti. Se si crea fiducia, ci si intende meglio. L'integrazione passa per i rapporti umani, in primo luogo con chi accoglie, e poi con tutto l'ambiente circostante. Chi arriva è invitato a partecipare alla società comune, all'associazionismo del territorio, alle attività ricreative civili, alla vita delle parrocchie. Chi accoglie deve comprendere che i beneficiari dei corridoi provengono da situazioni dolorose e costituiscono, loro malgrado, un popolo di vulnerabili segnati dalla vita. Una volontaria, Silvia Malatini, racconta:

[124] Marazziti, *Porte aperte. Viaggio nell'Italia che non ha paura*, cit., p. 19.

"... abbiamo accolto una famiglia siriana: padre, madre e due bambini di 3 e 7 anni. Provengono da Homs, distrutta dalla guerra. Li abbiamo ospitati a Castelfidardo, cittadina nota per la battaglia e per la fisarmonica. La famiglia è giunta un anno e mezzo fa, dopo due anni in Libano, separandosi dagli affetti più cari, lasciandosi alle spalle un'esistenza familiare serena nell'amata terra natia. Dopo aver lottato per restare nel proprio paese, Antoun e Nadine si sono dovuti arrendere all'evidenza di una guerra logorante e infinita che li metteva costantemente in pericolo. Confidando nel sostegno gratuito, amorevole e inaspettato – così dicono – di chi li ha aiutati a uscire dalla condizione di sfollati, sono giunti nel nostro paese portando con sé un'unica piccola valigia e tanta speranza. La nuova vita in Italia non è stata priva di ostacoli: dopo la calorosa accoglienza, man mano che emergevano le divergenze culturali ci sono stati momenti duri di confronto e scontro, che hanno permesso di conoscerci e rispettarci reciprocamente, creando così un'intima e leale amicizia. Aiutarli a comprendere il nuovo contesto sociale è stato arduo. Occorreva offrire una nuova opportunità facendo comprendere le difficoltà immense delle stesse famiglie italiane. Lo studio della lingua italiana, l'inserimento a scuola dei bimbi, il riconoscimento delle lauree, il conseguimento della patente di guida, l'ottenimento dell'asilo politico, il rilascio del permesso di soggiorno e da ultimo un impiego lavorativo sono stati i traguardi raggiunti, grazie al lavoro di un piccolo gruppo di persone. Vederli giungere a una quasi completa integrazione, ma soprattutto scorgere il sorriso sulle loro labbra, lo sguardo grato per la seconda opportunità di vita, ci riempie di gioia e ci ripaga di tutte le fatiche. Questa piccola avventura è stata nuova linfa vitale per noi e per i nostri figli"[125].

[125] Sintesi di intervento/testimonianza all'incontro *Corridoi umanitari per un'Europa solidale*, Camera dei Deputati, 1° luglio 2019. Copia in ACSE.

Integrarsi non corrisponde precisamente al rendersi autonomi e però tra i due processi c'è affinità. Si mira dunque all'autonomia dei beneficiari, ma questa dipende da varie circostanze. Il tempo necessario per raggiungerla varia da caso a caso. Talvolta l'autonomia sembra preclusa da patologie e disabilità, ma si è sostenuti da un nucleo familiare dove persone valide lavorano per l'autonomia di tutti. Nell'insieme, l'80% dei beneficiari dei corridoi raggiunge la piena autonomia in capo a due anni dall'arrivo, vuoi come singoli lavoratori vuoi come membri di famiglie che si rendono indipendenti. Del rimanente 20%, la maggior parte ottiene una semi-autonomia, mentre qualcuno resta in accoglienza in attesa di soluzioni.

Chi accoglie sa che deve coprire le spese di mantenimento per un congruo periodo, fino a un anno e mezzo, e sarebbe bene non andare oltre, ma potrebbero esserci prolungamenti. Ci sono nuclei familiari in cui non esistono adulti in grado di lavorare e la speranza dell'autonomia è affidata al momento, non immediato, in cui i minori entreranno nel mondo del lavoro. Non mancano malati cronici inabili al lavoro, persone che nel duro contesto di un campo profughi erano destinate a breve vita. Il fine dei corridoi è umanitario: non selezionare le migliori braccia e menti per impreziosire la società che accoglie, ma salvare persone fragili. Del resto, la società più bella è quella che ha cura dei deboli, perché tutti, nel corso della vita, prima o poi diventano deboli e dipendenti dagli altri. L'accoglienza deve ingegnarsi a disegnare vite degne per i diversi casi di vulnerabilità. Se poi dai corridoi scaturiscono competenze e professionalità utili al paese che accoglie, come di fatto avviene, tanto meglio.

Un ostacolo all'autonomia è dato dalla questione abitativa, per le caratteristiche del mercato immobiliare italiano, caro soprattutto nelle città maggiori. Molti cercano di acquistare casa non appena trovano lavoro, con dei mutui per la cui concessione è essenziale il meccanismo di garanzia costituito dalla rete di persone occupatasi dell'accoglienza.

Protagonista dell'integrazione è dunque la società civile che accompagna e sostiene. L'accoglienza è svolta dai privati, come già notato, senza alcun onere finanziario per lo Stato né per gli enti pubblici locali, con i quali tuttavia c'è dialogo e interazione. Lo ha colto Giuseppe Sangiorgi, secondo cui nella realizzazione dei corridoi

> "due forme di intervento, fra le altre, sono emerse nel tempo come punti di forza di una strategia capace di contrastare insieme gli atteggiamenti opposti di subordinazione e di avversione che si fronteggiano rispetto alle migrazioni. Queste due forme sono l'accoglienza diffusa sul territorio, per una distribuzione equilibrata dell'impatto rappresentato dal fenomeno, e la collaborazione tra sfera pubblica e privata, tra democrazia rappresentativa delle istituzioni e partecipativa dei corpi sociali"[126].

Il fatto che i percorsi individuali dei profughi accolti siano costantemente vigilati e vagliati rassicura le istituzioni e le comunità locali, che possono essere timorose di un'immigrazione sconosciuta e incontrollata.

La salute è il primo passo dell'integrazione. I beneficiari dei corridoi, scelti in base alla loro vulnerabilità, hanno spesso bisogno di cure urgenti per patologie varie, sia acute sia cronicizzate dall'impossibilità di curarsi per anni. Le

[126] Sangiorgi, *La via italiana dei "corridoi umanitari"*, cit., p. 48.

patologie non sono solo fisiche. Molti profughi soffrono di traumi psichici dovuti a guerre, violenze, patimenti. Frequenti i casi di giovani che non riescono più a dormire, sotto choc permanente. L'insonnia può durare anni. La notte è il momento in cui si rivive il terrore d'essere prelevati, torturati o uccisi, d'essere assaliti da malviventi, o di ricevere notizie luttuose sui familiari dispersi.

Ci sono casi in cui il ristoro della salute passa semplicemente per il ripristino di una vita normale in cui esiste sicurezza e si mangia regolarmente. Bambini e adolescenti arrivano spesso in condizioni di magrezza e di statura inferiore alla media, per severe carenze nutrizionali. Una volta accolti e inseriti in una vita regolare recuperano il loro sviluppo fisico in maniera sorprendente. Invece, una percentuale variabile fra il 5 e il 10% dei beneficiari di ciascun corridoio presenta gravi patologie che necessitano cure specialistiche, interventi chirurgici, servizi aggiuntivi al sistema sanitario pubblico. Nello specifico dei corridoi stabiliti con l'Etiopia si riscontra una percentuale dell'8% di beneficiari che sono stati vittime di torture, e questo aumenta il numero dei casi medici gravi. Ma i maltrattamenti sono una costante della storia di chi viene incluso nei corridoi. Nei corridoi dal Libano, quasi non si riscontrano uomini adulti che non abbiano subito qualche violenza da parte del regime siriano, o di gruppi estremisti islamici, o delle varie polizie che li hanno visti transitare o cercare asilo.

Hassan Mbarak, 45 anni, proviene da un borgo rurale presso Idlib in Siria. Agricoltore e allevatore, non benestante, si ritrova nel 2012 in una zona ribelle. Come altri uomini della zona, viene arrestato dalla polizia, detenuto, torturato. Non essendo coinvolto nelle agitazioni, viene liberato. Nel 2014 la radicalizzazione islamista raggiunge il villaggio e la violenza dilaga. Lui fugge in Turchia rivolgendosi a dei trafficanti. I turchi lo arrestano e lo rinviano oltre confine, dove cade nelle mani della fazione islamista da cui fuggiva, che lo incarcera con moglie e figli in dure condizioni. Si salva ancora e appena può fugge in Libano. Qui subisce nuove traversie fisiche e privazioni di libertà. Nel 2019, grazie ai corridoi, giunge a Trento con la famiglia, accolto dalla locale comunità di gesuiti. Non è una storia fuori dall'ordinario. Tanti ne hanno di simili.

I sistemi sanitari europei possiedono livelli di eccellenza inimmaginabili nei paesi di provenienza dei profughi. Quello dell'Italia in particolare rappresenta uno dei comparti più equi, efficienti e progrediti del sistema paese. Comparativamente il Servizio Sanitario italiano è uno dei migliori al mondo, con buona pace della tendenza nazionale a dolersi di qualsiasi servizio pubblico. Tuttavia, per chi ha bisogno di curarsi, le difficoltà burocratiche non sono poche in Italia. Le prime criticità dell'integrazione, per chi accoglie i beneficiari dei corridoi, riguardano le pratiche anagrafiche e sanitarie, gravate di richieste e modalità di accesso vessatorie e indecifrabili. Ad esempio, il Sistema Pubblico di Identità Digitale (SPID), fino all'altro ieri incubo informatico per buona parte degli italiani, per uno straniero è ancora più enigmatico e complicato. Eppure, se si vuole iscrivere un minore giunto con i corridoi a una mensa scolastica in una città metropolitana, dove l'accesso ai servizi avviene mediante lo SPID, occorre appropriarsi di tale procedura.

L'apprendimento della lingua del paese di asilo è il primo basilare impegno sottoscritto dai beneficiari nella fase preparatoria dei corridoi. Se possibile, i beneficiari dei corridoi sono assistiti nello studio della nuova lingua prima ancora di partire. Nei rari casi di possibile collegamento telematico, individuale o di gruppo, si organizza una DAD linguistica gestita da insegnanti nel paese di destinazione. All'arrivo in aeroporto, nella festosa accoglienza già descritta, non manca il dono del libro *L'italiano per amico. Corso di italiano per stranieri*[127].

Superfluo sottolineare il valore inclusivo della lingua, come anche della scuola connessa allo studio linguistico. I promotori dei corridoi hanno esperienze pluridecennali, nelle loro strutture educative, di insegnamento della propria lingua madre, e le mettono a frutto per tutti gli immigrati dei corridoi, con corsi linguistici che si allargano via via alla preparazione per conseguire i diplomi dei primi cicli scolastici.

I minori vengono immediatamente iscritti a istituti scolastici, a partire dal nido e dalla materna. All'altro estremo del ciclo scolare, troviamo beneficiari dei corridoi che s'iscrivono all'università. L'ambiente scolastico favorisce molto l'integrazione. Ove è possibile, l'iscrizione è al tempo pieno per aumentare l'offerta formativa, gli ambiti di socializzazione, la partecipazione all'educazione alimentare svolta dalle mense scolastiche. Per inciso, i tre quarti dei minori giunti in Europa con i corridoi, fatti i primi screening sanitari, presentano carenze di vitamine e problemi ai denti riconducibili a cattiva o scarsa alimentazione.

Nella rete solidale che sostiene le persone giunte con i corridoi si provvede a rendere disponibili insegnanti di sostegno su base volontaria. Non pochi dei beneficiari sono analfabeti o provengono da zone rurali con scarse possibi-

[127] Questo libro, disponibile nelle diverse fasce di base, intermedia e avanzata, ha avuto molteplici edizioni dacché, nel 1999, iniziò a essere usato nelle scuole di lingua italiana "Louis Massignon" della Comunità di Sant'Egidio. Viene pubblicato da La Scuola (Brescia).

lità di acculturazione. Accanto a persone in seria difficoltà, altre sembrano invece istintivamente inclini allo studio. C'è chi consegue lauree magistrali che molti giovani europei vorrebbero raggiungere, in settori specialistici dell'ingegneria, della biologia, della medicina, e così via. Non senza orgoglio, qualche volontario dei corridoi mostra pagelle di ragazzine/i che alle medie prendono 10 in italiano, inglese, matematica, scienze, e perfino in "religione cattolica" pur essendo di fede coranica.

Una nota di merito al sistema scolastico italiano. Esso è particolarmente inclusivo nell'impostazione di base, configurata negli anni Settanta pensando non agli immigrati, all'epoca pochi e non considerati, ma a persone con disabilità. La scuola italiana non ha più le classi differenziali d'un tempo, e ha invece numerosi insegnanti di sostegno. D'altra parte, la scuola "è stata l'istituzione in cui l'immigrazione si è manifestata prima nei grandi numeri", fungendo da laboratorio d'interculturalità e integrazione, quando ancora nel discorso pubblico si era lontani da tali problematiche[128]. Il suo effetto è ben spiegato da Allievi e Dalla Zuanna confrontando, con qualche gioco lessicale, le classi d'età più mature, cresciute nell'unicità d'ambiente, con quelle giovanili:

> "Gli adulti sono in qualche modo degli immigrati della pluralità culturale, etnica, religiosa. Gli studenti – tanto di origine straniera quanto figli di italiani – sono invece dei nativi della pluralità: il mondo culturalmente plurale è molto naturalmente il loro, perché è quello che hanno vissuto; e anche

[128] G. Dalla Zuanna – S. Allievi, *Tutto quello che non vi hanno mai detto sull'immigrazione*, Laterza, Roma-Bari 2016, p. 36.

una certa propensione alla *mixité* relazionale, e al meticciato culturale, diventa un dato acquisito, esperienziale e fattuale prima ancora di essere eventualmente teorizzato. L'integrazione sui banchi di scuola avrà quindi degli effetti integrativi di lungo termine su tutta la società"[129].

Mai mancano i problemi. Gli arrivi dei corridoi non sono cadenzati sui calendari scolastici. Le richieste d'iscrizione a scuola vengono necessariamente avanzate in qualsiasi mese dell'anno, suscitando resistenze ad ammettere in classe dei ragazzi nuovi che arrivano magari a programmi largamente svolti. Inoltre, il fenomeno del bullismo, soprattutto alle medie inferiori, può dirigersi verso adolescenti in netto svantaggio linguistico e culturale rispetto ai coetanei. Questioni pratiche e morali che richiedono pazienza e vigilanza.

Nella formazione, specie per i giovani adulti, sono importanti i corsi professionalizzanti e di avviamento diretto al lavoro. Si rimedia così al décalage di formazione culturale se non all'inferiore livello di istruzione di base, alla carenza di qualificazione specialistica di chi ha svolto lavori manuali semplici, alla necessità di trovare lavoro e acquisire autonomia. In una società italiana in cui sovrabbondano gli aspiranti colletti bianchi, e tanti praticano lavori dequalificati nella ristorazione o nel commercio, acquisire capacità professionali per lavori magari faticosi ma richiesti, evidentemente più nella produzione che nei servizi, facilita l'occupazione. Prendere la patente per il trattore, addestrarsi a manovrare un macchinario, imparare a fare il pane,

[129] *Ibidem*, pp. 42-43. Cfr. anche M. Catarci, *Scuola multiculturale e risposte educative in prospettiva interculturale*, in *L'immigrazione in Italia da Jerry Masslo a oggi*, cit., pp. 145-160.

acquisire la meccanica di base… sono tante le opportunità professionalizzanti.

In ogni caso, i beneficiari dei corridoi non hanno lavori preferenziali. Fanno di tutto, secondo le opportunità oltre che le capacità. In genere, non temono la fisicità, fosse anche sgradevole, che gli italiani evitano se possibile. Sono sparsi su tutto il territorio italiano e si adattano alle economie locali. Al Nord, dopo formazione professionale ed esperienze di tirocinio, stage, apprendistato, trovano lavoro nell'industria, specie come operai specializzati nel settore metalmeccanico. Al Sud, più facilmente nell'edilizia. Ovunque, nell'agricoltura, dove mancano braccia. E non di rado, se contadini di origine, riescono in tempi brevi a mettersi in proprio, da coltivatori diretti. Nei servizi alla persona sono pure richiesti da un capo all'altro del paese, soprattutto le donne. L'accoglienza diffusa che li assiste, oltre a provvedere alla qualificazione professionale, sa come rendere le comunità locali partecipi delle loro sorti, creando quella fiducia che fa trovare lavoro.

Le storie d'integrazione lavorativa sono le più diverse. Lo si è detto: i beneficiari dei corridoi non sono certo tali per capacità professionali. Sono scelti in base al bisogno di protezione, non in quanto *skilled*. Il criterio della vulnerabilità urta evidentemente con quello della prestazione, che richiama il *brain drain* e non ha niente a che vedere con attività umanitarie.

Non tutti i beneficiari hanno una cultura del lavoro, talvolta la si deve costruire. Parecchi mancano di qualificazione professionale, ma cercano di acquisirla. C'è l'analfabeta che ha tante difficoltà ma non difetta di buona volontà, e c'è anche l'imprenditore, che gestiva un'azienda propria e mal si adatta a svolgere lavori da dipendente, ricevendo ordini. C'è chi ambisce a successo professionale e ad avviare attività in proprio, aggiungendosi al popolo delle partite IVA. Le storie sono tante. Alcuni faticano a reggere i ritmi del lavoro italiano. Altri sono più bravi degli italiani. A volte si profitta di un provvidenziale scarto di modernità, come nei seguenti casi.

Garabed, siriano di origine armena, giunto a Ivrea con la famiglia, è tecnico tornitore. Viene assunto da un'impresa locale che ancora usa macchinari totalmente meccanici, non di ultima generazione. I macchinari sono validi ma se ne teme l'obsolescenza. In Italia se ne ha sempre meno pratica. Garabed si rende prezioso. Sa come fare manutenzione e come aggiustare i pezzi ormai introvabili sul mercato dei ricambi. Segue poi un corso per conoscere i nuovi macchinari digitali, sempre più indispensabili in un settore dove certi lavori di precisione diventano appannaggio dell'elettronica. Così, nell'impresa, fa da ponte fra il vecchio e il nuovo. In due anni arriva a guadagnare 3.500 euro netti al mese. La famiglia diventa autonoma in poco tempo. Garabed ha una bambina bionda cresciuta in un campo profughi in Libano, nutritasi di solo latte fino ai quattro anni perché lui e la moglie non potevano permettersi altro, che in Italia ha potuto finalmente essere svezzata[130].

Abdallah, lui pure siriano, è originario della zona di Palmira a lungo occupata dall'ISIS. Giunge con i corridoi a Perugia con moglie e figli, uno dei quali ha gravi problemi respiratori. Alle spalle, anni di esilio in Libano dove s'arrangiava lavorando all'Aziza Café di Beirut per 400 dollari al mese, di cui la metà andava a pagare l'affitto di una stanza per la famiglia. Abdallah è un esperto di macchine italiane del caffè: Gaggia, Cimbali, Faema, una vera passione per

[130] Cfr. Marazziti, *Porte aperte. Viaggio nell'Italia che non ha paura*, cit., pp. 110-120.

lui. A Perugia diventa un riparatore ricercato per questa sua competenza. Mentre si diffondono le macchine del caffè dall'elettronica sofisticata, molti vogliono mantenere le vecchie macchine meccaniche, per l'affidabilità, l'estetica e talora il valore affettivo[131].

Ma l'integrazione non è solo lavoro, anche se ci sono parti d'Italia dove la gente ti stima e ti accetta per come lavori più che per come sei. L'integrazione resta primariamente un fatto di relazioni umane, di conoscenza diretta, di prossimità, e di aiuto, finanche reciproco. Infatti l'accoglienza, se per creare integrazione in senso stretto è imprescindibile, può anche trasformarsi in uno scambio, con un'inversione dei ruoli tra ospiti e ospitanti.

Nel mantovano, a una coppia di italiani che aveva accolto una famiglia siriana in un proprio stabile è accaduto d'ammalarsi seriamente di Covid, con relative quarantene a seguire, finendo per essere provveduti nelle necessità e sfamati ogni giorno con piatti della tradizione mediorientale, passati al di là di un muretto divisorio della mezza bifamiliare data in uso, divenuto così elemento di unità. Nella stessa zona, i sanitari del reparto ospedaliero Covid sono stati gratuitamente rifocillati più volte con pasti preparati da tre famiglie siriane giunte con i corridoi, tra loro apparentate essendo le madri fra loro sorelle, mentre i mariti avevano rapidamente trovato lavoro come saldatori. La Siria, prima della guerra, era per antonomasia il paese della convivenza e del vicinato: il costume non è andato perduto nel trasferimento in Italia, traducendosi in un più nostrano volontariato.

[131] Cfr. *ibidem*, pp. 274-276.

Nel padovano, una donna sulla settantina, sola, con una grande casa a due piani, ospita una famiglia di siriani:

> "La cosa quasi paradossale è che appena sono arrivati, loro che avevano bisogno di me, invece sono diventati indispensabili per me, senza che glielo avessi chiesto. Sono caduta dalle scale e mi sono fatta male. Una frattura. Ho passato una notte intera all'ospedale. Quando sono uscita stavano tutti davanti alla porta dell'ospedale. Erano stati ad aspettarmi lì tutta la notte. Mi hanno portato in braccio per le scale fino al piano superiore, qui dove abito io. Hanno cominciato a prepararmi da mangiare..."[132].

Storie belle, non usuali forse, ma vere. Molti beneficiari dei corridoi sentono il bisogno di contraccambiare. Si impegnano come volontari sociali, aiutano in occasione di calamità naturali, offrono le loro competenze, fanno i mediatori culturali non appena padroneggiano l'italiano, contribuiscono ad accogliere nuovi arrivati dei corridoi non appena raggiungono l'autonomia finanziaria.

L'integrazione è un processo e una conquista. I profughi dei corridoi non sono esseri perfetti, come tutti hanno virtù e vizi, passioni e tentazioni. I percorsi sono diversi per ciascuno, e non sono lineari. Non è solo questione di lavoro. Ci si integra in un tessuto umano. Stare entro una famiglia aiuta, per i molteplici contatti che essa stringe con la società circostante, e si pensi a quanto i bambini sono accettati e benvoluti, o quanto gli adolescenti fraternizzano nello sport, tra gli scout, o nel vario associazionismo. In generale, i profughi apprezzano la libertà, la tolleranza, la

[132] Marazziti, *Porte aperte. Viaggio nell'Italia che non ha paura*, cit., p. 51.

socialità, la civiltà del viver bene che trovano in Italia. Un aspetto sovente li meraviglia: la correttezza e la gentilezza della polizia, comparata alla brutalità delle loro.

Tuttavia, chi vive in modo rigido la cultura d'origine e il sistema di valori tradizionale sente talvolta la libertà italiana come spaesamento. Se poi a goderne sono anche moglie e figlie, ancor meno questa libertà viene apprezzata. Si proviene da società patriarcali, dove sostentamento e sopravvivenza sono assicurati dal capofamiglia. Mentre i minori si adattano prontamente alla realtà circostante e si sentono subito italiani, alcuni adulti stentano, nutrono nostalgie, e se hanno parenti in Nord Europa s'interrogano se raggiungerli o meno, immaginando di ricomporre così delle comunità etniche. L'integrazione richiede tempo e fiducia.

I corridoi sono congegnati per creare questa fiducia. Si comincia dai colloqui prima di partire e si continua poi con l'accoglienza sul territorio, prerogativa di una società civile che non ha scopo di lucro, è motivata, flessibile, spontanea, gratuita, ha uno scambio orizzontale, accompagna nella normalità, anche fuori orario. Questo produce fiducia. Se l'obiettivo inconfessato dell'adesione ai corridoi era raggiungere dei parenti in Svezia o in Germania, si comprende che stare in Italia non è affatto disprezzabile e la fuga verso i climi freddi viene rinviata e poi abbandonata.

L'integrazione tramite la società civile è più efficace di quella veicolata dalle strutture statali. I centri e i progetti della rete pubblica dell'accoglienza sono utili, necessari, gestiti da operatori volenterosi, ma spesso appesantiti dai grandi numeri. I servizi per l'integrazione devono fare i conti con dei tempi rallentati dalle dimensioni dell'impresa, col rischio di smorzare nei beneficiari la voglia di riappropriarsi del futuro. Giusto soddisfare anzitutto i bisogni primari, ma il protrarsi di eccessiva inattività può trasformare gente che ha lottato duramente in persone imbolsite e rassegnate. Assistenza e autosufficienza degli utenti non vanno sempre d'accordo. La società civile, nella sua agilità, può evitare questi inconvenienti.

4. Modello adottivo

Il genere d'integrazione proposto dai corridoi, per quanto peculiare, non è stato ideato dal nulla. Pur felicemente applicato anche in contesti come quello francese o belga, prende spunto dalla situazione italiana. Nel rapporto con il fenomeno migratorio, l'Italia ha elaborato e validato, si direbbe involontariamente, uno schema per così dire adozionale.

Mentre per gli Stati d'origine il fenomeno migratorio rappresenta sempre una perdita di risorse, mitigata dalle eventuali rimesse, per gli Stati di approdo può rappresentare un guadagno nella misura in cui esiste una buona integrazione. Questa non dipende solo dalla possibilità di lavorare ma da un insieme di fattori culturali e sociali. A differenza di altri grandi Stati europei, in Italia è prevalso un modello d'integrazione canalizzato sulle relazioni umane.

Non è stata una deliberata scelta pubblica. Lo Stato italiano, non meno di altri in Europa, ha governato l'immigrazione secondo uno schema per un verso emergenziale e securitario, e per altro verso configurato attorno al piano economico. Il fenomeno migratorio è parso a lungo una questione da affrontare soltanto sul piano del lavoro. Nondimeno un'integrazione è avvenuta, talora estremamente felice. Molti migranti sono penetrati nel tessuto sociale italiano, si sono ibridati con la cultura italiana, hanno gradito lo stile di vita italiano, e sono stati accettati nella misura in cui a livello individuale si creavano legami interpersonali fra loro e gli italiani.

In Gran Bretagna o in Francia esistono quartieri ghetto dove gli immigrati sono densamente concentrati, a volte fino alla totalità degli abitanti. Si sono create società parallele. In Italia, forse per la frammentazione dei rivoli migratori, la mescolanza abitativa e sociale è maggiore. La Francia è colma di persone provenienti dall'Africa del Nord, la Germania dalla penisola anatolica, la Gran Bretagna dal subcontinente indiano. L'Italia ha un'immigrazione arcobaleno, variegata, senza ghetti, poco segnata da comunitarismi esclusivisti. Questo ha favorito mescolanza, disponibilità, confidenza con gli italiani, e una sorta di meticciato della vita quotidiana di cui sono espressione le tante presenze femminili di colf e badanti, entrate nell'intimità dei servizi alla persona e alla casa. Anche l'italiano scettico del nuovo, assillato dall'idea che vi sia un'invasione di genti straniere, davanti all'immigrata che gli fa da colf o da badante non ha sentimenti ostili, la considera una presenza utile e amichevole. Le mura domestiche integrano senza far rumore, pacificamente, popolate come sono soprattutto da madri, bambini, anziani, disabili, persone fragili. Oltre la metà degli immigrati ha familiarità con le case degli italiani, dove svolge servizi alla persona, collabora a pulizia e decoro, ricopre mansioni di custodia.

Il fenomeno migratorio in Italia convive con un interesse discontinuo delle istituzioni pubbliche, ma anche con la forza dell'istituto familiare che dà impiego e protezione costante, assimilando a sé; con un lavoro spesso in piccole imprese, senza massificazione e anonimato; con una sociabilità ed espansività diffusa della società italiana, a livello locale assai più inclusiva di quanto non facciano pensare i consensi raccolti da ideologie xenofobe. Che piaccia o no, se 6 milioni di immigrati si sono bene o male integrati, e contribuiscono alla ricchezza nazionale proporzionalmente al loro peso demografico, ciò è dovuto alla capacità del modello molecolare, relazionale, territoriale e familiare della loro integrazione in Italia. Di tanto in tanto, qualche giornale benpensante propone ricette di severo statalismo. Osservava Daniela Pompei nel 2016:

> "Si discute [in Italia] di modelli per l'accoglienza. Qualcuno recentemente ha proposto 'caserme, scuole, regole'. L'idea è che deve prevalere un modello pubblico, istituzionale, centralizzato, con grandi centri, organizzati in modo rigoroso. È forse una reazione a scandali o interessi poco leciti che si sono raggrumati attorno alle emergenze legate all'accoglienza. Il controllo sulle procedure, necessario, sembra compatibile solo con un modello burocratizzato, spersonalizzato, che vede la società civile come una presenza da tollerare, con una funzione residuale di supporto. Che tale approccio possa evitare fenomeni di corruttela sembra un'ingenuità"[133].

Giusto mettere regole, procedure, controlli. Non altrettanto presupporre che la società civile sia lasciva e corrotta di fronte all'immigrazione. Solo la società civile può far sì che l'immigrazione sia una risorsa anziché un problema,

[133] Cfr. D. Pompei, *Accogliere, proteggere, adottare*, in Civico, *Badheea. Dalla Siria in Italia con il corridoio umanitario*, cit., pp. 107-112, 109. Il testo qui riportato è stato rivisto dall'autrice, che ha reso meno improvvisata quella che era una trascrizione d'intervento pubblico.

secondo il preciso modello italiano d'integrazione già storicamente configurato e consolidato. "Modello adottivo" lo ha denominato Andrea Riccardi, ministro dell'Integrazione nel governo Monti del 2011-2013, sostenendo per l'appunto l'esistenza di

> "un modello italiano di integrazione realizzata in parte nei fatti, affidata a un movimento molecolare quasi spontaneo di individui, famiglie, istituzioni. C'è un tratto che chiamerei 'adottivo', che lungi dall'essere qualcosa da superare, mi sembra da traghettare nel futuro, per farlo convivere con una cultura pubblica e scelte istituzionali e legislative. Per tratto 'adottivo' intendo [...] capacità associativa, incorporativa, che la nostra società ha saputo esprimere da sempre, nelle sue minute e diffuse articolazioni: il nucleo familiare, il condominio, le associazioni laiche e cattoliche, l'istituto scolastico, il sindacato, l'impresa, la comunità locale... A questo livello 'micro' – ma in fondo parliamo degli assi portanti del paese – la società è in grado di integrare l'altro al proprio interno con un successo sorprendente, forse superiore a quello raggiungibile con approcci più pianificati. I tanti corpi intermedi che per diverse ragioni – lavoro, vicinato, ecc. – vengono in contatto stabile, proficuo, duraturo con i migranti li 'adottano', li fanno membri di piccole comunità [...] Insomma un'intercultura familiare e spontanea, in cui lo straniero appartiene anche affettivamente a due comunità, italiana e di origine. L'integrazione italiana passa per un processo adottivo, fondato sulla vicinanza fisica, sul convergere di percorsi esistenziali, sulla familiarità. L'integrazione italiana è la somma di milioni di adozioni"[134].

[134] A. Riccardi, *L'Europa dei migranti. Modelli di integrazione*, in L. Bini Smaghi, G. Della

A questo modello adottivo, non contrapposto allo Stato e alle sue istituzioni, da cui anzi si sperano attitudini e normative benevolenti, guardano anche i corridoi umanitari, nella convinzione che sia quello con i minori costi umani e con i più alti benefici sia per i migranti sia per la società che li riceve. Indipendentemente dal fatto che si svolgano in Italia stessa oppure in altri paesi europei, i corridoi scelgono questo modello nel momento in cui affidano alla società civile il compito d'integrare, uno per uno, tutti i profughi accolti, senza trascurare alcun aspetto dell'integrazione: abitativo, linguistico, scolastico, lavorativo, ma anche psicologico, esistenziale, culturale, garantendo una rete d'accoglienza.

Grazie a questo modello adottivo, esaltato nell'efficacia dal sistema di sponsorship, i beneficiari dei corridoi si trovano bene in Italia e non la lasciano. Ciò può stupire. È ben noto che i paesi settentrionali europei esercitano seduzione su migranti e profughi che dall'Africa e dall'Asia vogliono giungere in Europa. Principalmente due i motivi di questo appeal. Uno è la presenza stabile di folti gruppi di connazionali. In Germania e Svezia, ad esempio, eritrei, somali, afghani, siriani, tra le nazionalità più rappresentate nei flussi verso l'Europa, sono organizzati in comunità secondo faglie etniche. L'altro motivo è economico. Il passaparola tra gli extracomunitari che giungono in Europa dice che i salari in Nord Europa sono alti, che l'ascesa sociale è facile, che la povertà non esiste. Non si sottolinea altrettanto che i salari corrispondono al costo della vita, che le diseguaglianze sociali sono forti e crescenti, che la povertà

Zuanna, U. Eco, A. Riccardi, *Integrazione. Il modello Italia*, a cura di M. Impagliazzo, Guerini e Associati, Milano 2013, pp. 87-109, 103-105.

non è superata ancorché poco visibile. Vero è che i paesi del Nord Europa hanno alti sussidi di reddito minimo garantito, percepibili a lungo termine. In Italia, l'accesso all'analogo reddito di cittadinanza è difficile per i migranti.

Inutile ora confrontare le condizioni di vita tra paesi del Sud e del Nord Europa, scomodando una letteratura infinita e rischiando i più banali luoghi comuni[135]. Qui importa rilevare che nell'ambito dei corridoi l'attrattiva nordica viene smorzata. Opportunità e vantaggi offerti dal vivere in Italia vengono evidenziati. La realtà viene prima del mito: gli italiani sono piuttosto ospitali, l'Italia è paese gradevole per tanti aspetti geografici e climatici, il lavoro ricompensato al giusto esiste anche al di qua delle Alpi, la sociabilità italiana è elevata, con un buon vivere alla portata di tutti. Il passaparola positivo tra i beneficiari dei corridoi fa dimenticare il mito dell'Eldorado nordico, come pure, se mai occorresse, il pregiudizio antitaliano. I beneficiari dei corridoi provano sulla loro pelle che il modello dei corridoi, desunto in senso lato dal modello adottivo italiano, fondato sulla familiarità e sull'accoglienza della società civile, offre garanzie e sicurezze impensabili in altri Stati, per quanto settentrionali e organizzati siano.

[135] Di fatto, molti profughi e migranti passati in Europa settentrionale dopo avere soggiornato in Italia provano nostalgie. Attendevano al Nord accoglienze materialmente appaganti, e finivano in mesti campi di raccolta, tra container, bagni e lavanderie comuni; speravano riconoscimenti lampo dell'asilo e finivano nel limbo di burocrazie meno comprensive di quella italiana; credevano possibili lavori ben remunerati e ricevevano un divieto di lavorare. Sui social degli optanti per i paesi nordeuropei abbondano immagini, foto, video dei giorni trascorsi in Italia prima di evadere al di là delle Alpi, il che vorrà dir qualcosa dal momento che i social, per profughi e migranti in balia del destino, fanno identità, sono uno sfogatoio di sentimenti.

5

IN AVVENIRE

1. Nuovi corridoi da Libia e Libano

Nel marzo 2020 iniziano i negoziati degli abituali promotori dei corridoi – Sant'Egidio, Tavola Valdese e FCEI – con i rappresentanti dei Ministeri degli Affari Esteri e dell'Interno per due nuovi corridoi umanitari, dalla Libia e dal Libano. Il Protocollo sulla Libia viene firmato a fine aprile 2021[136]. Quello sul Libano, il terzo della serie, il 5 agosto 2021.

Il corridoio dalla Libia consiste nel trasferimento legale in Italia di 500 persone detenute in centri sotto il controllo delle autorità di Tripoli oppure di milizie e fazioni non istituzionali. Si tratta di profughi e migranti – difficile distinguerli, per i motivi ampiamente esposti – i cui diritti umani sono violati in maniera sistematica. Il corridoio, pur limitato nelle dimensioni, vorrebbe dare un segnale all'Unione Europea perché si mobiliti a fronte della drammatica situazione umanitaria dei profughi e migranti presenti in Libia, fra 200.000 e 400.000 secondo le stime. Sventurati

[136] Il Protocollo non viene stipulato in unica data. I vari contraenti appongono le firme digitalmente tra il 20 e il 27 aprile 2021, anche a causa del Covid che ostacola le attività in presenza.

provenienti da paesi in guerra, da *failed States*, e dalla fascia dei paesi subsahariani specie occidentali.

La Libia, sul versante tripolino prossimo al canale di Sicilia, è costellata di luoghi di prigionia di persone che vorrebbero arrivare in Europa, ma intanto sono esposte a morte e tortura. Che siano centri di detenzione gestiti dallo Stato oppure da milizie e bande armate, o ancora dagli stessi trafficanti dei barconi, non cambia molto la condizione dei prigionieri, sottoposti ai capricci di guardie e aguzzini, seviziati per ottenere denaro dalle famiglie lontane, uccisi per intimorire i compagni di sventura o semplicemente per il gusto di farlo. Per le donne, i campi di prigionia si trasformano in filiere dello stupro. Così una testimone:

> "Ci sono molte ragazze lì dentro. Non potevamo vedere l'esterno. Nella prigione c'è sporcizia ovunque. Siccome è una prigione per donne, i poliziotti, le guardie, violentano sempre le ragazze [...] Non ci nutrivano bene. Non avevamo vestiti, vivevamo nella sporcizia"[137].

Una nigeriana conferma:

> "Prendevano le donne senza dire loro che le avrebbero violentate. Di solito arrivavano e indicavano solo quelle che sono belle: 'Tu e tu, venite con noi'. Così le prendevano. Più tardi le ragazze tornavano piangendo. Il *mudir* (comandante del centro di detenzione) andava a violentarle. Alcune donne quando arrivavano le guardie si sdraiavano, piangevano e dicevano che gli faceva male lo stomaco, così il *mudir* le

[137] N. Scavo, *Migranti. Orrore nei campi di prigionia. A cinque anni dal memorandum: stupri e torture*, "Avvenire", 1° febbraio 2022.

lasciava stare, sceglieva solo quelle che erano forti e se ne andava"[138].

Sin dall'inizio della stesura del Protocollo d'intesa per il corridoio libico, il governo italiano, che nel 2017 aveva realizzato, in collaborazione con l'UNHCR, una "evacuazione umanitaria" di 913 persone da campi di detenzione libici, insiste per affidarsi a liste già stilate dall'agenzia dell'ONU. Vero è che in Libia non è possibile, per motivi di sicurezza, compiere missioni civili identificative di persone vulnerabili e meritevoli di protezione internazionale. Tuttavia l'UNHCR, che in ogni paese opera sulla base di accordi con il governo locale, è vincolato dalle autorità di Tripoli a riconoscere lo status di rifugiato soltanto a persone appartenenti a nove nazionalità, scelte evidentemente su base politica e/o confessionale (Irak, Palestina, Siria, Somalia, Etiopia, Eritrea, Yemen, Sudan, Sud Sudan). Queste nazionalità costituiscono una parte soltanto dei profughi e migranti intrappolati nel paese. L'esclusione geografica dei paesi subsahariani, da cui provengono moltissimi degli "spiaggiati" in Libia, è vistosa e dolorosa.

D'altra parte, dalle centinaia di migliaia di persone detenute in Libia filtrano informazioni, anche dettagliate, su casi singoli, utili a suggerire chi includere nei corridoi. La Libia non è un buco nero. Vi sono sedi diplomatiche, attori religiosi transnazionali, ONG come MSF o Terre des Hommes che conoscono contesti e casi. Facendosi carico dell'accoglienza a proprie spese di 200 dei 500 beneficiari previsti – ché 300 vanno a carico del sistema nazionale pubblico di accoglienza – Sant'Egidio, Tavola Valdese e

[138] *Ibidem.*

FCEI ottengono l'inclusione nelle liste del corridoio, stese dall'UNHCR non senza dovere di consultazione per quei 200 nomi[139], di quote di donne dell'Africa subsahariana vittime della tratta (spesso nigeriane). Per questo il Protocollo definitivo sottolinea che tra i fattori complementari di ammissibilità al progetto, oltre alla "condizione di detenzione attuale o sofferta in precedenza", alla "comprovata situazione di vulnerabilità personale", alla "presenza di reti familiari o sociali stabili in Italia" facilitanti l'integrazione, rientra anche la "protezione delle donne migranti che, per la loro vicenda personale, sono da ricomprendere nell'ambito della Convenzione del Consiglio d'Europa sulla prevenzione e la lotta contro la violenza nei confronti delle donne e la violenza domestica, la cd. Convenzione di Istanbul"[140].

Non potendo scegliere accuratamente, uno per uno, i beneficiari, né concordare in loco con loro, negli usuali colloqui preliminari, le condizioni dell'accoglienza in Italia, i promotori cattolici ed evangelici del corridoio libico sanno che esso sconterà inevitabilmente una minore efficienza sul piano dell'integrazione successiva all'arrivo. Ma l'evacuazione, in questo caso, ha priorità sull'integrazione,

[139] Si veda *Protocollo di intesa per la realizzazione del progetto Corridoi umanitari – Evacuazioni dalla Libia*, stipulato tra i Ministeri degli Affari Esteri e dell'Interno da una parte, e Comunità di Sant'Egidio, FCEI e Tavola Valdese dall'altra, 20/27 aprile 2021, art. 4 (pp. 7-8): "L'UNHCR si impegna a identificare e selezionare un numero congruo di persone, riconosciute rifugiate o comunque bisognose di protezione internazionale [...] da sottoporre ai referenti della Comunità di Sant'Egidio, Tavola Valdese e Federazione delle Chiese Evangeliche in Italia, per l'individuazione di un gruppo di 200 persone per le quali le organizzazioni predette si faranno carico del trasferimento e dell'accoglienza in Italia. L'attività di identificazione e pre-selezione effettuata da UNHCR terrà conto dei *referral* ricevuti dalla Federazione delle Chiese Evangeliche in Italia, dalla Tavola Valdese, dalla Comunità di Sant'Egidio [...] nell'ambito del processo di selezione, UNHCR si impegna a facilitare, per quanto possibile in relazione al contesto libico, che le organizzazioni partner del progetto possano avere contatto diretto o remoto con i potenziali beneficiari per acquisire tutte le informazioni necessarie ad effettuare una valutazione accurata dei profili dei potenziali candidati anche in relazione alla loro migliore collocazione presso le comunità accoglienti disponibili".

[140] *Ibidem*, art. 3 (p. 6).

e lo si può ben capire. Questo corridoio umanitario atipico costituisce un canale efficace di salvezza per persone senza prospettive di sopravvivenza in Libia se non in un quadro di sfruttamento, abusi e violenze, e persino schiavitù come documentato dai video amatoriali di vendita all'asta pubblica di persone di colore, che hanno amareggiato l'opinione pubblica nella parte subsahariana del continente africano.

Gli arrivi del corridoio libico mostreranno esseri umani traumatizzati, denutriti e malati, recanti segni di torture, la paura negli occhi, senza sorriso, increduli d'esser salvi dopo permanenze in Libia mediamente di sei anni, non di rado segnati da tentativi falliti di attraversare il Mediterraneo. Spesso sono persone cronicamente insonni, perché la notte era il momento delle sevizie e delle sparizioni.

L'intesa operativa sulla Libia vorrebbe fungere da modello per analoghe iniziative da parte di altri Stati della UE, dimostrando come sia possibile alleggerire la situazione dei migranti e profughi bloccati nel paese nordafricano. Più che altri corridoi, quello dalla Libia significa salvare vite, come attestano le testimonianze dei beneficiari.

> "Mi chiamo Mohamed Abdel Mahmoud, sono sudanese, del Darfur. Ho avuto una vita difficile dall'infanzia. Ero solo, lavoravo, responsabile sempre di me stesso. Sono riuscito ad andare all'università ma ho dovuto abbandonarla. Mi hanno minacciato di morte, la causa era il modo in cui mi vestivo e il taglio dei miei capelli che era all'occidentale. Sono entrato in Libia, nel distretto di Cufra. Sono passato da diverse città e sono arrivato a Tripoli. Ho provato a fare la traversata via mare tante volte ma senza risultato. Sono stato in diverse prigioni a Tripoli, dove mi torturavano. In tutte la parti del

mio corpo ho segni di tortura. Mi minacciavano di morte, ho provato a scappare in Tunisia e mi hanno riportato un'altra volta in Libia. Infine sono riuscito a raggiungere l'Europa con i corridoi umanitari. Sono molto fortunato".

"Il mio nome è Tacleuma Teclu, sono fuggito dall'Eritrea nel 2010, e tra Etiopia e Sud-Sudan (Juba) ho trascorso quattro anni, poi sono andato in Sudan e da qui nel 2017 sono passato in Libia, dove sono stato quattro anni e mezzo. Mi hanno messo per sette mesi in una prigione che si chiama Zantan. In questa prigione ho sepolto ventisei persone che erano più giovani di me, è stato il momento più buio. Poi sono riuscito a raggiungere Tripoli. Qui cercavo di non trovarmi in mezzo a bombe e pallottole, e intanto passavo da una prigione all'altra, come tutti quelli venuti in Italia con me nei corridoi umanitari".

"Sono Adbullah Amid Asman, ho origini sudanesi ma sono nato nel 1993 in Libia, dove ho vissuto tutta la mia vita. Il 20 agosto 2011 ero a Tripoli che era in mano alle forze di Gheddafi, stavo andando a pregare. In mezzo alla strada sono stato rapito. Mi hanno coperto la faccia. Mi hanno portato in un carcere politico dove sono stato torturato, anche nelle parti più sensibili, con l'elettricità e con il fuoco. Mi hanno picchiato fino a farmi perdere un occhio. Mi hanno chiuso in una cella senza luce, senza finestre, eravamo sei persone, abbiamo perso il senso del tempo. Non sapevamo più che giorno era e che ora era, essendo sempre al buio. Ci dovevano uccidere. Avevano trovato la persona giusta per sfogarsi, in quanto ero sudanese. Ma sono arrivati i rivoluzionari, ci hanno fatto uscire. Intorno si vedeva un gran numero di morti. Gli ospedali non esistevano più. Sono ritornato a casa. Poi mio padre è stato rapito, siamo stati obbligati a vendere la nostra casa per riscattarlo, lo abbiamo riavuto massacrato, il viso pieno di sangue, gli occhi fuori posto. In seguito è morto. Ora siamo arrivati in Europa, ci siamo salvati, dopo quattro anni di attesa".

"Mi chiamo Hayat, sono eritrea ma sono cresciuta in Etiopia presso una zia che mi faceva soffrire. A nove anni sono andata a vivere per strada. Una signora mi ha portato per un periodo a casa sua e qui ho incontrato quello che è diventato il padre di mio figlio e mi sono sposata. Era un periodo brutto in Etiopia, io e mio marito siamo emigrati in Sudan e dopo due mesi siamo andati in Libia, per andare in Italia, ma i trafficanti hanno ucciso mio marito davanti a me, perché non era in grado di pagare i 20.000 dollari che ci chiedevano. Sono passata da una prigione all'altra per tre anni. All'inizio con me c'erano centosessanta persone che poi sono tutte partite, sono rimasta da sola, sarei partita con loro, ma avevo una gravidanza avanzata, non potevo imbarcarmi. Per altri quattro anni ho vissuto a Tripoli. Più che vita poteva considerarsi morte. Chiedevo l'elemosina per tirare su mio figlio. Pregavo sempre Dio di farmi morire solo dopo aver messo in salvo mio figlio. Il primo giorno di felicità è stato quando, ancora in Libia, ho avuto la speranza di entrare nei corridoi umanitari"[141].

Il terzo Protocollo libanese, con la previsione di 1.000 beneficiari da trasferire in Italia, è stipulato il 5 agosto 2021 fra i consueti interlocutori: i due Ministeri degli Affari Esteri e dell'Interno da una parte, e Sant'Egidio, Tavola

[141] Sintesi di testimonianze rese il 12 febbraio da beneficiari del corridoio umanitario dalla Libia, testi più estesi in ACSE.

Valdese e FCEI dall'altra. Il raggiungimento dell'intesa è travagliato. Il ruolo dell'UNHCR nel corridoio libico, reso centrale dall'inattuabilità di missioni conoscitive dirette, ha impreviste conseguenze. Conduce infatti alcuni negoziatori governativi a insistere per trasferire la scelta dei beneficiari dalle associazioni della società civile all'UNHCR anche nel nuovo corridoio libanese.

A differenza dei negoziati del 2015, sono i rappresentanti del Ministero dell'Interno a premere per dare potere all'UNHCR sulla scelta dei beneficiari, mentre i rappresentanti degli Esteri appaiono defilati dalla questione[142]. Da parte dell'Interno si vorrebbe che i beneficiari del nuovo corridoio fossero tutti riconosciuti rifugiati dall'UNHCR; qualora questo criterio esclusivo non venisse convenuto, l'UNHCR avrebbe comunque il compito di valutare l'idoneità all'inserimento nel corridoio di potenziali altri beneficiari proposti dalle "organizzazioni partner", cioè Sant'Egidio, Tavola Valdese e FCEI. Tutti i nomi dei profughi individuati come possibili beneficiari dai promotori dei corridoi passerebbero per il vaglio del personale UNHCR in Libano, che ne stabilirebbe il diritto alla protezione internazionale. Nella bozza di Protocollo elaborata dall'Interno e proposta al negoziato, l'UNHCR è il supervisore del corridoio.

Il criterio della vulnerabilità aveva orientato in maniera determinante i due corridoi precedentemente realizzati

[142] Del resto, a negoziato avviato, un vice-ministro della Farnesina, Emanuela Del Re, dichiara: "Il criterio della vulnerabilità come unico punto di riferimento per l'eleggibilità è anch'esso un punto di forza importantissimo, perché implica l'acquisizione, da parte di tutti gli attori coinvolti e delle comunità di accoglienza, che si superi la categorizzazione per gruppo etnico, appartenenza religiosa, classe d'età o genere, livello d'istruzione, e che invece si accolga l'unica categorizzazione possibile che è quella dettata dalla condizione appunto di vulnerabilità" (E. C. Del Re, *Key-note speech*, in Rivista Confronti e Centro Studi IDOS, *Corridoi umanitari, una pratica replicabile*, cit., pp. 15-19, 16).

dallo stesso Libano. Ora, viene derubricato ad "aggiuntivo e complementare", e soprattutto "non sostitutivo" delle scelte dell'UNHCR. Seppure sia giuridicamente plausibile considerare la vulnerabilità come criterio complementare ai presupposti richiesti per la protezione internazionale, nei corridoi la sua centralità è evidente, perché solo a partire dalla conoscenza delle vulnerabilità personali è possibile attuare percorsi di integrazione veramente personalizzati. Secondo i promotori dei corridoi, vulnerabilità e protezione umanitaria non devono scindersi.

I motivi di questa tentata riscrittura del modello dei corridoi risalgono a timori già manifestati dalla parte governativa nei primi negoziati del 2015. Nel frattempo, c'è stata la parentesi del cosiddetto governo gialloverde, in cui Matteo Salvini s'insedia al Viminale. Nel 2018-2019 il clima politico entro il Ministero dell'Interno muta, specie a livello della schiera di funzionari che ne fanno l'ossatura amministrativa. Le associazioni della società civile sono meno benviste. Ciò che ruota attorno al concetto di "umanitario" suscita perplessità, come fosse uno strumento dialettico per allargare indebitamente le maglie della legge. Non a caso l'istituto della protezione umanitaria è pressoché cancellato dai cosiddetti Decreti sicurezza dell'ottobre 2018 (per ritrovare poi una diversa configurazione normativa con il D.L. 130 due anni dopo). In questo contesto ministeriale, la nozione di vulnerabilità, con cui i corridoi operano la scelta dei beneficiari, sembra vaga e discrezionale, quasi un varco per affermare quell'umanitario che viene interpretato come pensiero sfuggente se non aggirante la legge.

Si paventa che qualcosa, nel progetto dei corridoi, non vada bene. Potrebbero esserci degli imprevisti. Che un beneficiario non abbia i requisiti per la protezione internazionale e non si sappia più cosa farne. Che un beneficiario finisca nella cronaca nera dei giornali e ci si chieda chi lo ha fatto entrare in Italia. Che un beneficiario scompaia per raggiungere un paese del Nord Europa... E certo, gli inconvenienti esistono sempre, sono una costante della vita. Una maniera di fronteggiarli sta nel moltiplicare il più possibile le tutele giuridiche. Si afferma così una cautela verso l'umanitario, in quanto poco definito sotto il profilo normativo, e anche verso la nozione di vulnerabilità, pure non facile a valutarsi giuridicamente.

Timori poco fondati. Si sono citati, in precedenza, i dati sui riconoscimenti dello status di rifugiato o di altre forme di tutela istituzionale. Pressoché il 100% dei beneficiari dei corridoi ottiene la protezione internazionale. Di reati da loro commessi non si hanno notizie. Qualcuno ha traumi e disturbi psichici, che vengono curati, ma non sono sorprese: è per simili vulnerabilità che sono giunti in Italia, spesso accompagnati e assistiti da familiari in salute. Quanto ai movimenti secondari, sono rari e residuali nella misura in cui il funzionamento dei corridoi viene compreso e apprezzato dai beneficiari stessi, per non dire che sarebbe interessante confrontare i dati dei movimenti secondari nell'ambito dei corridoi con quelli nell'ambito degli arrivi clandestini, enormemente più consistenti, ma anche con quelli nell'ambito dei *resettlement* che non sono esenti dal fenomeno.

Il timbro dell'UNHCR è desiderato dalle istituzioni italiane per sollevarsi da incertezze e fastidi eventuali. Alle Commissioni territoriali sarebbe consentito un esame delle domande di protezione internazionale dei beneficiari dei corridoi più sommario e solo cartolare, in quanto già riconosciuti bisognosi di tale protezione dall'UNHCR. Accidentali criticità riguardo ai beneficiari dei corridoi sarebbero ricondotte, nelle responsabilità, all'originario *assessment* dell'UNHCR.

Nella bozza di Protocollo voluta dal Viminale soltanto i profughi "meritevoli del riconoscimento dello status di rifugiato" da parte dell'UNHCR, o "sotto mandato UNHCR", o valutati dall'UNHCR "come [persone] idonee ad essere inserite nel programma corridoi umanitari in quanto bisognose di protezione", potrebbero beneficiare dell'istituendo terzo corridoio dal Libano. È la prassi dei *resettlement.* Conseguentemente il negoziato giunge al limite della rottura.

Nel maggio 2021, le associazioni promotrici avvisano i rappresentanti governativi che rifiutano di firmare un Protocollo che snatura l'autonomia dei corridoi, finora intesi come complementari e addizionali ai programmi di *resettlement* gestiti dagli Stati con il supporto dell'UNHCR. I corridoi – si rimarca – sono ulteriori canali di trasferimento legale di profughi in paesi sicuri, non una copia dei *resettlement.*

Lo stallo negoziale dura un paio di mesi, finché le istanze dei promotori civili del nuovo corridoio vengono accolte. Si sa, d'altra parte, che per l'UNHCR è impossibile assumere il ruolo offerto dai funzionari del Viminale nella selezione dei beneficiari. Sul terreno, in Libano, l'agenzia ha un organico insufficiente, e soprattutto non può operare perché il governo di Beirut, dal gennaio 2015, glielo ha vietato. Dispone solo di liste obsolete, anteriori al 2015, vanificate dal tempo trascorso, il cui utilizzo sarebbe anacronistico e taglierebbe fuori dai corridoi i profughi degli ultimi sei anni. Sono gli stessi rappresentanti dell'UNHCR al negoziato a far sapere che i loro colleghi dislocati in Libano sarebbero dell'avviso, vuoi per motivi operativi vuoi di contesto, di non svolgere il ruolo di supervisione previsto dalla bozza di Protocollo sostenuta dall'Interno. Con questa comunicazione, la disputa sul ruolo dell'UNHCR nei corridoi viene meno.

Nella versione definitiva, il terzo Protocollo libanese prevede una scelta dei beneficiari non troppo dissimile da quella praticata nei precedenti corridoi. I beneficiari possono essere scelti in base a "una comprovata condizione di vulnerabilità" coniugata con un palese bisogno di protezione internazionale, ma anche in base all'essere "sotto mandato UNHCR" o da esso riconosciuti, almeno *prima facie*, come meritevoli del riconoscimento dello status di rifugiato. Il criterio della vulnerabilità perde prevalenza e unicità. Ma non viene soppresso e mantiene una sua pregnanza, tanto più se a scegliere i beneficiari dei corridoi, sul terreno, sono le missioni dei promotori cattolici e protestanti facenti capo alla società civile.

2. E ancora: Grecia e Afghanistan

Un corridoio umanitario avviato a fine 2020 riguarda profughi provenienti dalla Grecia, con il tratto comune di una permanenza più o meno lunga nei campi dell'isola di Lesbo. Non si tratta di un canale per fuoriuscire da paesi extraeuropei insicuri o inospitali. Quale allora la sua necessità?

Dai primi anni Dieci, la Grecia è stata segnata da intermittenti flussi di profughi e/o migranti da vari paesi mediorientali e asiatici, penetrati nello spazio ellenico ed europeo dalle coste anatoliche e dalla Tracia turca. Questi flussi hanno potuto talora indirizzarsi verso il Nord Europa, come avvenuto nel 2015 per quasi un milione di siriani, ma spesso si sono arenati sulle isole del mar Egeo, dove negli anni sono sorti numerosi campi profughi, concepiti all'insegna del provvisorio. Quello con le maggiori criticità, anche perché più popoloso, denominato Moria, era situato a Lesbo: nel 2020, prima del devastante incendio avvenuto in settembre, ospitava la metà dei 40.000 profughi "insulari", concentrati fra Lesbo, Samos, Chios, Leros, e secondariamente in altre isole egee.

Questi profughi e/o migranti giunti sulle isole greche, generalmente dopo viaggi lunghi e difficili, hanno origini diverse. Quasi la metà sono afghani, tra cui molti minori non accompagnati. Poi, siriani, somali, congolesi, guineani, camerunesi, togolesi, ghanesi, egiziani, pakistani, iraniani, maliani, algerini, sudanesi, e altri ancora.

Gli Stati europei, stanti le reiterate raccomandazioni di Bruxelles, dovrebbero equamente ricollocare sui loro territori le masse di profughi che si trovano in Grecia. Come è noto, tale ripartizione costituisce motivo di scontro fra i paesi UE ed è praticata in misura minima rispetto alle urgenze dei paesi mediterranei (Grecia, Italia, Spagna, Malta) in prima linea sul fronte migratorio. Così la Grecia, con appena 10 milioni di abitanti, ha ospitato negli ultimi anni centinaia di migliaia di persone che tentavano invano il transito verso il Nord Europa oppure si proponevano direttamente come richiedenti asilo.

Già colpita da una gravissima crisi economica, con rischio di default dello Stato stesso, la Grecia ha vissuto le ondate migratorie, lungo gli anni Dieci, come degli tsunami: governi scossi e destabilizzati, proteste popolari con violenti scontri con la polizia, barriere erette sulla terraferma e progettate sul mare, migranti sistemati all'insegna della provvisorietà per ragioni di opportunità sociale, e stipati all'inverosimile in campi utilizzati al multiplo della capienza sostenibile. Per dirla con Dimitra Kalogeropoulou dell'International Rescue Committee in Grecia,

> "le crescenti tensioni non devono sorprendere [...] il sovraffollamento sulle isole non fa bene a nessuno: le comunità locali sentono le loro isole trasformate in gigantesche prigioni, mentre i richiedenti asilo sono costretti a vivere in condizioni pericolose"[143].

Innumerevoli, in questi anni, le testimonianze di osservatori internazionali attestanti l'insostenibilità della situazione nei campi profughi ellenici, tra l'indifferenza degli altri Stati della UE. Filippo Grandi, Alto Commissario per i Rifugiati delle Nazioni Unite, si reca in Grecia nel febbraio 2020 e rileva una "situazione sempre più disperata di rifugiati e migranti", come notifica un comunicato dell'UNHCR:

> "Le condizioni delle strutture in Lesbo, Chios, Samos, Kos e Leros sono terribilmente inadeguate, e hanno continuato a deteriorarsi [...] Gli arrivi in Grecia sono aumentati nell'ultimo anno e hanno molto peggiorato il cronico sovraffollamento delle isole. Grandi ha preso positivamente atto dei recenti sforzi del governo greco per affrontare la situazione [...] Ad ogni modo, occorrerà inevitabilmente del tempo per-

[143] *Press Release, Riot police arrive on Lesvos as construction of new reception centres commences– now is the time for Greece and the EU to address what is happening, for refugees and locals alike*, Athens, February 25, 2020, https://www.rescue-uk.org/press-release/riot-police-arrive-lesvos-construction-new-reception-centres-commences-now-time-greece.

ché le misure programmate vadano a regime. È urgentemente necessaria un'azione risoluta per alleviare il sovraffollamento mediante trasferimenti su larga scala di richiedenti asilo sulla terraferma, dove debbono essere rapidamente reperite capacità addizionali di accoglienza. 'Le condizioni sulle isole sono scioccanti e vergognose', ha detto Filippo Grandi, Alto Commissario delle Nazioni Unite per i Rifugiati. 'La Grecia – con il supporto europeo – deve agire immediatamente per risolvere una situazione insostenibile, non senza mettere in atto misure a lungo termine'. Alla sofferenza si va ora aggiungendo, sulle isole, il clima invernale. Molte persone sono senza elettricità, senza acqua, e vivono tra sporcizia e immondizia. I servizi sanitari sono insignificanti. I rischi cui vanno incontro gli individui più vulnerabili, donne incinte, neomamme, anziani e bambini, sono tra i peggiori visti nelle crisi concernenti rifugiati nelle varie parti del mondo. Un'azione è anche necessaria per far fronte alle comprensibili preoccupazioni delle comunità locali che ospitano rifugiati e migranti, per evitare che le tensioni sociali aumentino ancora di più. E naturalmente, la Grecia non deve essere lasciata sola. L'Unione Europea ha assicurato un supporto essenziale e continuo alla Grecia attraverso la Commissione Europea [... ma] soltanto una manciata di paesi europei ha promesso di prendere richiedenti asilo e rifugiati dalla Grecia in forma di ricollocamento o di ricongiungimento familiare accelerato"[144].

[144] UNHCR, *Act now to alleviate suffering at reception centres on Greek islands - UNHCR's Grandi*, February 21, 2020, https://www.unhcr.org/news/press/2020/2/5e4fe4074/act-alleviate-suffering-reception-centres-greek-islands-unhcrs-grandi.html. Continuava il comunicato: "Per affrontare la critica situazione sulle isole, l'UNHCR si appella al Governo greco, all'Unione Europea, e agli Stati europei. Siano urgentemente ridotti affollamento e rischi assicurando una ricettività addizionale sul continente per almeno 20.000 persone, da trasferire quanto prima possibile. Vengano migliorate le condizioni di vita per quelli che rimangono sulle isole, con priorità per acqua, sanificazione, assistenza sanitaria. Si aiutino i minori non accompagnati ricollocandoli altrove in Europa e permettendo loro di riunirsi alle loro famiglie. Ci si assicuri che le procedure d'asilo non siano soltanto più veloci ma anche giuste e

Segnatamente il campo di Moria è un simbolo negativo del rapporto fra Europa e umanità profuga. Sul piano delle condizioni materiali, non è sostanzialmente migliore di tanti altri campi di raccolta e rifugio del vicino Medio Oriente. Pur fruendo di servizi sovvenzionati dall'Unione Europea, impotente nei ricollocamenti ma generosa nel finanziare, Moria si connota per l'affollamento, che rende difficile l'assistenza, e per il clima, dal freddo intenso o dal caldo asfissiante secondo le stagioni. Progettato per 3.000 persone, ne ospita in certi periodi oltre 20.000. Il soprannome dato al campo dai suoi abitanti è "la giungla". Dal recinto di Moria si può temporaneamente uscire con permessi speciali, rimanendo entro l'isola di Lesbo. Le speranze di futuro in Europa, per gli abitanti del campo, sono minime. Quasi nulle le possibilità di ottenere l'asilo in Grecia come rifugiati, come pure di tentare l'avventura della rotta balcanica per raggiungere il cuore dell'Europa. Si comprende come nel campo vi siano litigiosità e violenza.

Indubbiamente a Moria non si viene sottoposti a sevizie ed estorsioni come nei campi libici di cui sopra. Condizioni generali di sicurezza sono garantite. Ma l'ostilità ambientale è palpabile. Flussi consistenti di profughi sulle isole egee si manifestano dal 2012, determinati dall'erezione di una barriera contro i migranti clandestini lungo i 150 km della frontiera terrestre greco-turca (fiume Evros) nonché dall'inizio della guerra civile in Siria. I primi profughi sono generosamente accolti dai greci nelle loro case, ma presto Lesbo e le altre isole non sono più luoghi di transito,

corrette. Siano incluse tutele nell'imminente revisione delle norme sull'asilo e della loro applicazione. S'investa in soluzioni a lungo termine per quanti sono riconosciuti come rifugiati, dando loro l'opportunità di acquisire fiducia in se stessi".

bensì di confinamento, di blocco per l'accesso all'Europa, e i campi di passaggio diventano permanenti, provocando allarme e risentimento in piccole comunità isolane che si vedono sommerse da masse di forestieri. L'essere sul suolo europeo si traduce in assai magre prospettive di vita per gli ospiti di Moria.

Nel settembre 2020, un drammatico incendio di attendamenti e baracche, sulle spoglie colline esposte ai venti, muove infine qualcosa in Europa. I maggiori Stati della UE offrono ricollocamenti per alcune migliaia di profughi, specialmente minori non accompagnati, in parte mediante ricongiungimenti familiari. La maggioranza dei profughi precedentemente a Moria rimane in Grecia, dislocata sulla terraferma. Dopo il rogo, un nuovo campo viene allestito dalle autorità elleniche a Lesbo, su scala minore. Il luogo è una sterrata costiera, senza riparo da sole, vento, pioggia. Ospita un contingente limitato degli abitanti del precedente campo[145].

Il corridoio umanitario dalla Grecia, avviato a fine 2020, ha una storia pregressa, essendo preceduto da una serie di piccoli corridoi umanitari realizzati in sordina, con il benestare delle autorità ma senza *agreement* ufficiali. Un primo trasferimento da Moria all'Italia di 24 profughi avviene nell'aprile 2016, in concomitanza con la visita a Lesbo di papa Francesco, co-promotore di questo mini-corridoio, tanto da ospitare i profughi addirittura a bordo del suo aereo. I 24 vengono ospitati in Italia da Sant'Egidio con il supporto economico della Santa Sede. Negli anni successivi, il flusso da Lesbo all'Italia conti-

[145] Circa 2.500 nell'estate 2021, circa 1000 nell'estate 2022.

nua con trasferimenti occasionali di gruppi di profughi, nell'ordine di alcune decine di persone, ancora mediante buoni uffici diplomatici e finanziamenti del Vaticano[146]. Briciole rispetto alla massa di rifugiati concentrati sull'isola, eppure segni del bene più raro a Moria, la speranza. Il Protocollo ad hoc, siglato il 22 settembre 2020 con la previsione di 300 beneficiari, si colloca in questa linea di precedenti iniziative a favore dei profughi di Lesbo. Una lettera del 9 maggio 2019 di Razieh Gholami, rifugiata a Moria, poi inclusa nel corridoio umanitario dalla Grecia, mostra questo bisogno di speranza.

> "Sono una profuga dall'Afghanistan e mi trovo sull'isola di Lesbo. Quando l'Unione Sovietica ha attaccato l'Afghanistan i miei genitori sono fuggiti in Iran. Secondo la legge iraniana i figli degli immigrati non hanno diritto a identità e a documenti validi. Nata in Iran, ero solo una profuga afghana. Da bambina volevo studiare, crescere ed essere libera, ma senza permesso di soggiorno non avevo accesso all'istruzione superiore, né a una buona vita, alla libertà e all'umanità. Fin dall'infanzia ho vissuto l'insulto, l'umiliazione, la discriminazione razziale. Umanità e onore sono morti nel popolo iraniano. Volevo ritornare in Afghanistan ma vedendo i crimini dei talebani e dell'ISIS contro il popolo hazara, in particolare contro le donne, ho avuto paura. Mio marito ha perso i genitori durante le guerre tribali ed è stato cresciuto dal fratello, trafficante di droga, da cui è fuggito appena possibile temendo di esserne considerato complice. Io e lui, con i nostri due figli, volevamo fuggire dalla

[146] Analogamente nel 2022 Sant'Egidio accoglierà in Italia, su richiesta di papa Francesco, 50 profughi da campi situati nella parte greca di Cipro, con la garanzia economica del Vaticano.

guerra, dalle ingiurie, dalla segregazione razziale, per venire in Europa. Tra molte difficoltà abbiamo attraversato le alte montagne dell'Iran e il mare della Turchia per raggiungere un posto sicuro".

Razieh riesce a toccare il suolo ellenico:

"Eravamo felici di essere arrivati in Grecia. Pensavamo che le nostre mani venissero prese dalle mani affettuose degli europei. I greci ci hanno accolti, ci hanno dato piccole tende a Moria. Abbiamo vissuto nella *giungla* di Moria con il caldo e il freddo, gli animali e la polvere, la paura dei temporali e la mancanza d'igiene, e lunghe file per il cibo. Questo ci ha portato alla depressione. Siamo a Lesbo da un anno, arrivati con la speranza di un avvenire sereno e sicuro per i nostri figli, ma i giorni passano senza un futuro certo e chiaro. Madre di due figli, tendo verso di voi le mie mani vuote e il mio cuore spezzato…"[147].

Come detto, l'intesa per un corridoio umanitario concernente la situazione dei profughi a Lesbo, o comunque connessi alla storia di Moria, è siglata il 22 settembre 2020 fra il Ministero dell'Interno, per il governo italiano, e la Comunità di Sant'Egidio a far le veci della società civile. Non sono firmatari, questa volta, né il Ministero degli Affari Esteri né la Tavola Valdese e la FCEI. L'intesa prevede i citati 300 beneficiari da individuare tra persone con gravi fragilità che corrispondano ai "criteri preferenziali – espressi al fine di individuare i soggetti particolarmente vulnerabili – della normativa dell'UE in tema di asilo

[147] Copia della lettera, nella traduzione di Dawood Yousefi, è conservata in ACSE.

e protezione internazionale"[148]. Tecnicamente si tratta di un ricollocamento in seno all'Unione Europea, giustificato sotto il profilo giuridico dall'art. 17 del trattato di Dublino III. Malfamato nei paesi mediterranei per i noti motivi, tale trattato autorizza comunque lo spostamento di richiedenti asilo dal paese di primo ingresso a un altro paese se quest'ultimo è consenziente. Per inciso, l'art. 17 del cosiddetto Dublino III conferma la particolare natura di molte normative europee, frutto di mediazioni e compromessi, per cui disposizioni estremamente rigide in senso securitario possono abbinarsi a disposizioni che vanno controcorrente, consentendo aperture e iniziative in senso sociale e umanitario.

Il corridoio greco è altresì giustificato dai princìpi di solidarietà ed equa ripartizione delle responsabilità tra i suoi membri espressi dall'art. 80 del TFUE[149], proprio quei princìpi che in materia migratoria i paesi mediterranei hanno visto sistematicamente disattesi da molti Stati dell'Unione, specie i più nordici e continentali[150]. L'UNHCR non è citato nel Protocollo: siamo entro l'Unione Europea e le procedure di riconoscimento dell'asilo competono al governo di Atene.

La scelta dei beneficiari, nel corridoio greco, sta sostanzialmente in capo a Sant'Egidio che lo promuove. Per richiesta governativa italiana, il corridoio deve includere una modesta quota di persone segnalate dall'agenzia UE che supervisiona la situazione dei rifugiati in Grecia, l'EASO[151]. Tali benefi-

[148] *Protocollo di intesa per la realizzazione del progetto Apertura di Corridoi umanitari dalla Grecia*, stipulato fra Ministero dell'Interno e Comunità di Sant'Egidio, 22 settembre 2020, art. 4, copia in ACSE.

[149] Trattato sul funzionamento dell'Unione Europea, in vigore dal 1° dicembre 2009.

[150] Cfr. *ibidem*.

[151] European Asylum Support Office.

ciari, per quanto "suggeriti" motivatamente, sono in realtà i meno facilmente integrabili e i più propensi a movimenti secondari, dato che con l'EASO non intrattengono relazioni dirette, né esiste un loro originario rapporto di fiducia con i promotori del corridoio, diversamente dagli altri beneficiari che gli operatori di Sant'Egidio hanno conosciuto frequentando per anni il campo di Moria con attività scolastiche, nutrizionali, ricreative.

In punta di diritto, il corridoio dalla Grecia all'Italia non sembrerebbe un vero e proprio corridoio umanitario. Non porta a salvamento dei profughi segregati in paesi insicuri, e non sottrae esseri umani a trafficanti (intervenuti semmai precedentemente). Il peggio, per i rifugiati in Grecia, si direbbe alle spalle. Non più attraversamenti fortunosi di continenti interi, non più detenzioni e torture subite da regimi e da terroristi, non più guadi aspramente contrastati delle poche miglia di mare tra costa anatolica e isole greche. Ma nella sostanza di corridoio umanitario si tratta, strappando persone vulnerabili a una condizione di limbo non certo tendente al paradiso. Durante il "grande viaggio" si lotta, si fronteggiano ostacoli, si schivano pericoli. Arenati senza libertà di movimento in un campo – e non differisce che sia insulare o continentale – non si sa più cosa fare, e sopravviene l'abbattimento, non senza l'angosciante timore di un improvviso *refoulement*.

Si è prima citata la lettera di una donna afghana confinata a Lesbo, Razieh Golani. Il documento vale a introdurre un diverso scenario narrativo, del quale anticipa vari elementi.

Con iter accelerato dall'emergenza umanitaria in corso, il 4 novembre 2021 viene siglata l'intesa per un corridoio umanitario dall'Afghanistan, o per dir meglio, dedicato a profughi afghani che s'immagina di trarre in salvo dagli Stati circonvicini (Iran, Pakistan, eventuali altri paesi di primo asilo) una volta che essi siano riusciti ad arrivarci, qualora non vi siano già. Firmatari del Protocollo sono, per il governo italiano, i Ministeri degli Affari Esteri e dell'Interno; sul versante della società civile, la Conferenza Episcopale Italiana, la Comunità di Sant'Egidio, la FCEI, la Tavola Valdese, l'ARCI; sul versante delle organizzazioni internazionali, l'UNHCR e l'IOM; si aggiunge infine un ente del Servizio Sanitario Nazionale italiano, l'Istituto nazionale per la promozione della salute delle popolazioni migranti. Un così vasto parterre di partecipanti si spiega più con la risonanza della crisi afghana emersa nell'agosto 2021 che con una revisione radicale del modello dei corridoi, che resta il medesimo. Il Protocollo presenta motivazioni e modalità consuete nell'esperienza dei corridoi, ma fa chiarezza su alcuni punti controversi in precedenti esperienze negoziali, in particolare sulla scelta dei beneficiari.

L'iniziativa del nuovo corridoio umanitario deriva dalla riconquista del potere in Afghanistan da parte dei talebani, che il 15 agosto 2021 entrano vittoriosi a Kabul, mentre le forze militari occidentali si ritirano nell'area dell'aeroporto utilizzandola per espatriare, in due settimane, circa 100.000 persone, mediante un ponte aereo tollerato dai nuovi padroni del paese. Questa evacuazione è una parziale risposta all'emergenza umanitaria del paese, colmo di persone che vorrebbero andarsene per non sottostare al regime dei talebani, discriminatorio verso le minoranze, le donne, i collaboratori dei precedenti governi, le persone desiderose d'istruzione, e in generale avverso a quanti differiscono per ideologia politico-religiosa. Nei mesi successivi, molti afghani si affollano alle frontiere dei paesi vicini e fuoriescono come possono dal paese. Il flusso migratorio promette di durare negli anni a venire, vista l'intransigenza dei talebani e la loro incapacità, o non volontà, di costituire uno Stato che tuteli tutti i suoi cittadini.

In Occidente, sulle prime, c'è un grande senso di colpa, che gradualmente si smorza. Il meccanismo mediatico tende inesorabilmente a dimenticare, col passar del tempo, anche le più grandi tragedie e catastrofi. Il fatto è che per buoni vent'anni gli americani e i loro alleati hanno affermato di costruire un nuovo Afghanistan, e tanti afghani si sono coinvolti nello sforzo di modernizzazione del paese. Coinvolgimento che agli occhi dei talebani era complicità, da punire una volta ripreso il potere. Come verificatosi una volta che gli Stati Uniti hanno deciso di risparmiare sulla missione afghana e sul contrasto ai mai domi avversari. Il loro precipitoso disimpegno, con quello degli alleati che non potevano rimanere sul terreno da soli, è avvenuto senza misurarne le conseguenze.

I posti previsti dal Protocollo del 4 novembre 2021 sono 1.200, passibili di aumento dopo il secondo anno in base agli sviluppi operativi. Si legge nel Protocollo:

> "La finalità del progetto è consentire l'ingresso legale e in sicurezza di 1.200 persone da individuarsi tra i cittadini afghani in evidente bisogno di protezione internazionale e i loro familiari. Il progetto intende inoltre consolidare una *best practice* italiana, anche nella prospettiva di una sua estensione a livello europeo"[152].

[152] *Protocollo di intesa per la realizzazione del progetto Corridoi umanitari / Evacuazioni per l'Afghanistan*, 4 novembre 2021, art. 2, copia in ACSE.

Vale la pena rilevare che il corridoio afghano rappresenta un caso unico sul piano internazionale. Non esistono iniziative analoghe da parte di altri Stati. La sua genesi può spiegarlo. Nei giorni drammatici e concitati della presa del potere talebano, mentre i militari della coalizione a guida americana ancora tenevano l'aeroporto di Kabul e gestivano il ponte aereo, tante organizzazioni e associazioni umanitarie italiane che avevano impiantato attività in Afghanistan cercavano di provvedere all'evacuazione del loro personale locale. Parimenti la rete dei rifugiati e immigrati afghani in Italia si mobilitava per mettere in salvo il maggior numero di congiunti e conoscenti che si sapevano a rischio[153]. Tutti, insomma, volevano salvare persone care. Le ore erano contate. Come collegare le persone bisognose di fuggire con i militari in aeroporto? Come garantire per esse?

A Sant'Egidio, nei giorni dell'ingresso dei talebani a Kabul, pervenivano numerose richieste di aiuto e assistenza per i più diversi casi di afghani da evacuare. Giunte con mail, telefonate, lettere spesso da parte di sconosciuti, tali richieste aumentavano ogni ora, in maniera virale. E non sarebbero calate con la fine del ponte aereo. Sant'Egidio veniva inteso, soprattutto nel web, come l'entità demiurgica che portava fuori, liberava, sbrogliava situazioni disperate[154]. Il fenomeno si spiegava sia con la notorietà di Sant'Egidio promotore di corridoi umanitari, sia con le attività di decenni della Comunità tra profughi e rifugiati, incluso il mondo degli afghani espatriati in Europa.

[153] Tanta era la popolazione minacciata, tra cui intere categorie sociali e culturali, si pensi soltanto agli intellettuali, alle donne, o agli appartenenti alle etnie hazara e tagika.

[154] A fine novembre 2021, dopo una trasmissione BBC sull'Afghanistan che recava in sovrimpressione l'indirizzo online di Sant'Egidio, il subitaneo flusso di decine di migliaia di mail ne mandava in panne il sistema telematico.

Previe verifiche e riscontri per evitare beneficiari indebiti, si formavano liste di persone da inserire nel ponte aereo da Kabul, che Sant'Egidio passava alle competenti autorità militari. Gli elenchi di persone da evacuare, trasmessi in rapida successione nella seconda metà di agosto, erano quattro. Due venivano quasi totalmente soddisfatti dal ponte aereo, due rimanevano inevasi dopo l'attentato terroristico all'aeroporto di Kabul del 26 agosto che bloccava le evacuazioni. Al tempo stesso, Sant'Egidio provvedeva alla sistemazione in Italia dei profughi in arrivo, talora ricevendoli in provvisorio affido letteralmente all'istante, all'aeroporto di Fiumicino, dove su richiesta delle autorità aveva aperto un centro di accoglienza sulla falsariga dell'esperienza degli arrivi dei corridoi umanitari.

Tutto funzionava per la determinazione e l'intelligenza con cui le forze armate italiane, in sinergia con i diplomatici sul terreno, cercavano di far fronte, con spirito umanitario, all'emergenza afghana. Molti salvataggi di persone inserite nelle liste trasmesse erano da romanzo giallo, con appuntamenti a Kabul in orari e luoghi improbabili, segni particolari di riconoscimento, parole d'ordine, secondo quanto veniva concordato e pilotato, telefonicamente o telematicamente, dall'Italia. Erano gli stessi militari italiani, da Kabul, a sollecitare nomi e indicazioni: prima di abbandonare definitivamente l'aeroporto volevano trasferire al sicuro il maggior numero di afghani, dopo anni di lavoro umanitario, collaborazione professionale, scambio amichevole con la popolazione, nei luoghi delle missioni svolte.

Il tuffo nei problemi afghani non era nell'orizzonte operativo di Sant'Egidio ma pareva giusto non deludere chi si rivolgeva alla Comunità con l'idea che l'impossibile fosse alla sua portata. Da qui l'attivismo agostano e poi il ricorso al modello dei corridoi umanitari, insieme a una pluralità di attori, per realizzare congiuntamente un intervento, quello del Protocollo stipulato il 4 novembre 2021, che fosse significativo anche nelle cifre[155].

Una significativa dinamica è sottesa a questo documento. Inizialmente il governo italiano vorrebbe affidare la scelta di tutti i beneficiari all'UNHCR. Da parte delle associazioni promotrici c'è perplessità: significherebbe includere nel corridoio, concepito sull'onda della grande emozione suscitata dalla débâcle occidentale e dalla presa del potere talebana, non le vittime del momento storico bensì vecchi espatriati afghani. Il punto è cruciale: le liste dell'UNHCR, da cui si vorrebbe attingere, inserirebbero nel corridoio dei beneficiari stanziati nei paesi limitrofi dell'Afghanistan da lunga data. Gli elenchi di rifugiati afghani in Iran e Pakistan posseduti dall'UNHCR, a causa delle lentezze del sistema internazionale di *resettlement*, sono obsolete per mancanza di scorrimento. Vi si trovano nomi di persone non più residenti in questi paesi, o che in essi si sono più o meno felicemente sistemate, oppure naturalizzate, o non più motivate a muoversi[156]. In ogni caso, persone che non sono in pericolo di vita imminente.

[155] Il Protocollo afghano del 4 novembre 2021 scaturiva dunque da mesi d'ininterrotta mobilitazione umanitaria, non da una pianificazione a mente fredda. Alle frenetiche settimane di agosto, alla sistemazione in Italia di consistenti gruppi di profughi, seguiva un capillare lavoro fra gli afghani rifugiati in paesi di primo rifugio come Iran, Pakistan, Qatar, che tra settembre e novembre portava al rilascio da parte delle autorità consolari italiane di un migliaio di visti per ricongiungimento familiare, ricorrendo tra l'altro anche a quell'art. 25 del Regolamento europeo dei visti la cui unica valorizzazione massiva s'era avuta sino allora soltanto nei corridoi umanitari. In certo senso, il Protocollo afghano del 4 novembre non inaugurava un nuovo corridoio umanitario ma ne ratificava uno che in senso lato già esisteva da Ferragosto, imposto dalla realtà, fuori da ogni programmazione istituzionale.

[156] Si tenga presente che l'Afghanistan si trova nel quinto decennio consecutivo di crisi e lungo questo arco di tempo ha prodotto rifugiati a milioni, spesso sfollati nei paesi circostanti, infoltendo liste dell'UNHCR con scarse possibilità di essere evase.

Un corridoio nato dallo choc afghano dell'agosto 2021, per portare in salvo sventurati del momento, vittime di non lineari politiche occidentali, non può trasformarsi in un *resettlement* di profughi espatriati molti anni addietro. Deve cioè essere rivolto a quanti sono stati posti dalla vittoria talebana in condizione di grave rischio e vulnerabilità, e costretti alla fuga. Lo afferma il Protocollo stesso quando accenna ai beneficiari elencando tra l'altro le seguenti categorie: familiari di cittadini afghani evacuati verso l'Italia nell'agosto 2021; persone esposte a rappresaglie del nuovo regime per "ruolo professionale e posizioni pubbliche assunte in passato"; persone "che hanno collaborato con il contingente italiano in Afghanistan o con le organizzazioni legate alla cooperazione internazionale italiana in Afghanistan"; persone già segnalate per il ponte aereo effettuato nell'agosto 2021 "e che per la criticità di quel momento non hanno potuto lasciare l'Afghanistan"[157].

Cosa accade? Il governo italiano, constatata la contrarietà dei partner civili a rimettersi all'UNHCR, li invita ad accordarsi direttamente con la stessa agenzia delle Nazioni Unite, per poi tornare al tavolo negoziale con una soluzione condivisa. Questa viene agilmente trovata. L'UNHCR non aspira al monopolio nella scelta dei fruitori dei corridoi. Il suo obiettivo è un'azione umanitaria la più larga possibile, ricorrendo a tutte le sinergie possibili, non esaltare il proprio ruolo e la propria sigla. Si decide pertanto di suddividere i 1.200 posti previsti tra UNHCR (un terzo) e associazioni della società civile (due terzi).

Come attesta il Protocollo nella versione definitiva, l'UNHCR assume il compito di scegliere 400 beneficiari,

[157] Cfr. *ibidem*, art. 3.

della cui accoglienza e percorsi d'integrazione si fa carico lo Stato italiano, operativamente ed economicamente. Di fatto viene così a configurarsi, all'interno del corridoio afghano, un programma di *resettlement*. Non a caso, nel Protocollo d'intesa, in riferimento ai 400 beneficiari la cui individuazione è affidata all'UNHCR, per due volte si citano espressamente "criteri" e "procedure di reinsediamento", termine italiano per *resettlement*.

I partner civili del corridoio assumono invece il compito di scegliere 800 beneficiari (300 CEI, 200 Sant'Egidio, 200 FCEI e Tavola Valdese, 100 ARCI) assicurandone accoglienza e percorsi d'integrazione con proprie risorse. A differenza dei 400 beneficiari assegnati all'UNHCR, prescelti tra persone sotto mandato UNHCR o da esso riconosciute meritevoli, almeno *prima facie*, dello status di rifugiato, gli 800 sono scelti in base al "bisogno di protezione internazionale" determinato in particolare da una "comprovata condizione di vulnerabilità"[158].

La soluzione trovata col dividere le quote dei beneficiari soddisfa sia l'UNHCR sia le associazioni tradizionalmente promotrici dei corridoi, in quanto stabilisce in maniera netta la separatezza e la complementarità fra *resettlement* e corridoi umanitari, compresenti all'interno dello stesso progetto. Si genera, in effetti, un esito singolare e tuttavia positivo. Entro uno stesso Protocollo d'intesa, nominalmente relativo a un corridoio umanitario, coesistono un *resettlement* e un corridoio umanitario. Ma nel testo c'è chiarezza nella distinzione. Certo, il Protocollo d'intesa, dopo l'accordo diretto fra UNHCR e associazioni della società civile, avrebbe dovuto intitolarsi "Corridoi umanitari

[158] Cfr. *ibidem*, artt. 3 e 4.

/ Resettlement dall'Afghanistan". La denominazione finale, poco congrua, è invece "Corridoi umanitari / Evacuazioni per l'Afghanistan". Tecnicamente, non si tratta di evacuazioni, che collimano semmai con le operazioni attuate dall'esercito italiano a Kabul nell'agosto, bensì di un corridoio umanitario che alberga in se stesso, per un terzo dei beneficiari, una modalità assimilabile ai programmi di *resettlement*, mentre per gli altri due terzi incarna il modello classico dei corridoi umanitari. Sottigliezze lessicali, forse. In ogni caso, l'impegno del governo e della società italiana per i profughi afghani è tangibile. Si esplica secondo due opzioni, il reinsediamento e il corridoio umanitario, poste sotto la medesima intesa giuridica.

L'applicazione del Protocollo afghano è in corso. Richiede pazienza e inventiva. Mentre l'UNHCR attinge dalle sue liste, ciascun promotore civile del corridoio opera le proprie scelte di beneficiari, provvisto del vantaggio di avere informazioni su tante situazioni emergenziali, personali e familiari, ma anche penalizzato dal fatto che molti degli individui cui provvedere protezione internazionale sono ancora in Afghanistan, talvolta nel nascondimento. Si tratta di aiutare queste persone a fuoriuscire dal paese, via terra, garantendo che i paesi frontalieri le lascino entrare. Ciò richiede un'attività diplomatica. In Pakistan e Iran avvengono poi i contatti diretti e le verifiche del bisogno di protezione internazionale.

3. Europa e UNHCR approvano

Scelta dei beneficiari, criterio della vulnerabilità, riconoscimento dell'asilo... i punti controversi dei corridoi, discussi nelle negoziazioni con il governo italiano, non sono altrettanto problematici a livello europeo. A Bruxelles non si mette in dubbio che i promotori dei corridoi possano essere responsabili della scelta dei beneficiari dei corridoi. Dal momento in cui i corridoi iniziano a essere realizzati, se ne accetta il profilo peculiare di *private sponsorship*, senza scambiarli per dei programmi di *resettlement* con ricorso ai buoni uffici dell'UNHCR. La categoria del *private sponsorship* racchiude, nella visione della UE, una pluralità di esperienze diverse e tuttavia definite da "una caratteristica comune: implicano un trasferimento di responsabilità dalle istituzioni pubbliche verso attori privati riguardo ad elementi del processo d'identificazione, di pre-partenza, di accoglienza e integrazione dei beneficiari"[159].

Nei periodici European Migration Forum promossi dalla Commissione Europea sulle questioni migratorie, vari distinti canali di ammissione legale sul territorio dell'Unione Europea di persone bisognose di protezione internazionale vengono partitamente sottoposti a riflessione: i programmi tradizionali di reinsediamento gestiti dagli Stati con supporto dell'UNHCR ("resettlement"); le evacuazioni ("evacuations and safe passage"); i corridoi umanitari ("humanitarian corridors"); i ricongiungimenti familiari ("extended family reunification"); eventuali altre iniziative, sia di emanazione statuale e governativa sia di sponsorizza-

[159] European Commission, *Study on the feasibility and added value of sponsorship schemes as a possible pathway to safe channels for admission to the EU, including resettlement. Final Report*, October 2018, https://op.europa.eu/en/publication-detail/-/publication/1dbb0873-d349-11e8-9424-01aa75ed71a1, p. 15. Le isole britanniche confermano invero anche riguardo al *private sponsorship* certo loro eccezionalismo rispetto all'Europa continentale, perché qui esistono schemi di *private sponsorship* concepiti in mero servizio dei *resettlement*, nella fase dell'integrazione dei beneficiari successiva all'arrivo. Su questa interpretazione inglese e irlandese ritorna più volte lo studio sopra citato.

zione individuale e comunitaria ("private sponsorship")[160]. Si tratta di strumenti l'un l'altro complementari, addizionali, volti al medesimo fine.

Dal 2016, gli organi politici della UE, ma anche i suoi Stati singolarmente, manifestano crescente interesse per l'attuazione di canali legali d'ingresso di profughi in Europa che si aggiungano ai *resettlement*, tra cui meccanismi di patrocinio privato che consentano a gruppi di cittadini e organizzazioni della società civile di organizzare e finanziare il trasferimento e l'integrazione di persone bisognose di protezione internazionale[161]. Nel Patto sulla migrazione e l'asilo del 23 settembre 2020, la Commissione Europea afferma:

> "La UE sosterrà [...] gli Stati membri che desiderano istituire programmi di sponsorizzazione [di persone bisognose di protezione internazionale] da parte di comunità o privati attraverso finanziamenti, lo sviluppo di capacità e

[160] Si veda ad esempio *Commissioner Johansson's speech at the European Migration Forum*, 27 ottobre 2021, https://ec.europa.eu/commission/commissioners/2019-2024/johansson/announcements/commissioner-johanssons-speech-european-migration-forum_en.

[161] Cfr. European Commission, *Communication. Towards a reform of the Common European Asylum System and enhancing legal avenues to Europe*, 6.4.2016, https://eur-lex.europa.eu/legal-content/EN/TXT/PDF/?uri=CELEX:52016DC0197&from=en, nonché quanto esposto in European Commission, *Study on the feasibility and added value of sponsorship schemes as a possible pathway to safe channels for admission to the EU, including resettlement. Final Report*, October 2018, https://op.europa.eu/en/publication-detail/-/publication/1dbb0873-d349-11e8-9424-01aa75ed71a1. In questo documento la distinzione fra schemi di sponsorship privata e programmi di *resettlement* è data per acquisita, mentre si sottolinea l'addizionalità, ovvero la complementarità, di questi due diversi canali di ammissione nella UE. In particolare si legge: "Ogni tentativo di definire la sponsorship privata comporta una questione centrale che consiste nel sapere se i beneficiari di programmi di sponsorship devono essere ammessi in addizione ai beneficiari che entrano attraverso i programmi di reinsediamento supportati dai governi, o non devono esserlo. È il concetto di addizionalità [...] Le definizioni classiche di sponsorship specificano che l'addizionalità fa parte della sponsorship. Conseguentemente i programmi di sponsorship opereranno in parallelo agli altri canali di reinsediamento e ammissione umanitaria. In Europa i corridoi umanitari realizzati in Belgio, Francia e Italia hanno tutti adottato il concetto di addizionalità".

la condivisione delle conoscenze, in cooperazione con la società civile, con l'obiettivo di sviluppare un modello europeo di sponsorizzazione da parte di comunità che, sul lungo periodo, possa portare a migliori risultati in termini di integrazione"[162].

Nel licenziare il Patto, la Commissione Europea esprime una Raccomandazione in cui si legge:

> "Tra le forme di sponsorizzazione diverse dal reinsediamento [*resettlement*], che possono fungere da modello, figurano quelli che alcuni Stati membri e organizzazioni private chiamano 'corridoi umanitari', vale a dire il modello di sponsorizzazione da parte di comunità realizzato da organizzazioni di ispirazione religiosa in Italia, Francia e Belgio in cooperazione con i rispettivi governi nazionali. Con questo modello, gli sponsor privati sono coinvolti in tutte le fasi del processo di ammissione, dall'individuazione di coloro che necessitano di protezione internazionale al loro trasferimento allo Stato membro interessato. Essi si fanno carico anche degli sforzi di accoglienza e di integrazione e ne sostengono i relativi costi"[163].

L'Unione Europea, per affanno di equilibri politici interni, approccia le questioni migratorie prevalentemente sul registro securitario. Ma non disconosce l'impegno umani-

[162] *Comunicazione della Commissione al Parlamento Europeo, al Consiglio, al Comitato economico e sociale europeo e al Comitato delle regioni, Un nuovo patto sulla migrazione e l'asilo*, [COM/2020/609 final], 23 settembre 2020, https://eur-lex.europa.eu/legal-content/IT/TXT/HTML/?uri=CELEX:52020DC0609&from=IT.

[163] *Raccomandazione della Commissione del 23.9.2020 relativa ai percorsi legali di protezione nell'UE: promuovere il reinsediamento, l'ammissione umanitaria e altri percorsi complementari*, [COM (2020) 6467 final], Bruxelles, 23 settembre 2020, considerazione n. 28 (https://ec.europa.eu/transparency/documents-register/detail?ref=C(2020)6467&lang=it).

tario dei suoi cittadini. Ursula von der Leyen dichiara nel 2019 al Parlamento Europeo:

"Lo Stato di diritto è universale. Si applica a tutti. Negli ultimi cinque anni, più di 17.000 persone sono annegate nel Mediterraneo, che è diventato una delle frontiere in cui si conta il maggior numero di vittime al mondo. In mare vige il dovere di salvare vite umane [...] L'Unione Europea ha bisogno di frontiere che siano umane, dobbiamo salvare vite, ma questo, da solo, non basta. Dobbiamo ridurre la migrazione irregolare, lottare contro chi la favorisce e i trafficanti di esseri umani – si tratta di crimine organizzato –, dobbiamo salvaguardare il diritto di asilo e migliorare le condizioni dei rifugiati, ad esempio istituendo corridoi umanitari"[164].

Ai corridoi umanitari, come ad altre espressioni di *private sponsorship* tra cui i ricongiungimenti familiari[165], l'Unione Europea riconosce un livello di flessibilità che non riscontra nei reinsediamenti di profughi operati dagli Stati. I *resettlement* sono considerati programmi standard tradizionali, collaudati, sicuri, durevoli, rivolti a contingenti predeterminati di persone. Dei corridoi si

[164] *Discorso di apertura della sessione plenaria del Parlamento europeo*, 16 luglio 2019, http://www.politicheeuropee.gov.it/media/4816/discorso-al-parlamento-ursula-von-der-leyden.pdf.

[165] Non deve meravigliare l'accostamento di meccanismi di *private sponsorship* ai ricongiungimenti familiari. Seppure nettamente distinti nelle basi legali, i primi sostenuti essenzialmente dalla normativa interna degli Stati, i secondi derivati dal diritto dell'Unione, nella realtà sono stati spesso attivati in forma tra loro complementare in vista di soluzioni realistiche. Lo dimostra, in Italia, la breve esperienza dell'introduzione dello *sponsor* nella prima vigenza del D. L. 286 del 1998 quando questo istituto ha anche assolto la funzione essenziale di consentire proprio l'allargamento della platea dei familiari ricongiungibili che sono esclusi invece dalla normativa europea, come per esempio i fratelli, i figli divenuti maggiorenni, i genitori per cui è impossibile dar prova della mancanza di sostegni familiari nel paese di origine.

pensa che siano strumenti meno vincolati da definizioni stringenti e criteri normativi, e per questo più agili. Appaiono, i corridoi, larghi nelle scelte e nelle soluzioni, rivolti a più ampio *range* di potenziali beneficiari. In particolare, sono ritenuti adatti per iniziative ad hoc, in risposta a necessità umanitarie specifiche. Si rileva altresì come i corridoi, pur non essendo iniziativa degli Stati, siano uno strumento utile agli Stati, in funzione delle loro strategie di intervento internazionale e delle loro capacità operative di sistema. In questo senso va compreso un leitmotiv degli uffici studi europei, secondo cui molto di ciò che concerne schemi di *private sponsorship*, corridoi umanitari compresi, denoterebbe "loose definition" ossia fluidità o liquidità di definizione. Proprio l'indeterminatezza giuridica formale – è ciò che ne consegue – sarebbe premessa di flessibilità, adattabilità, inclusività. Ne verrebbero, agli Stati, strumenti e opportunità aggiuntive rispetto ai *resettlement*.

Significativamente l'agenzia delle Nazioni Unite per i rifugiati, promotrice dei *resettlement*, non ha mai avanzato perplessità sui corridoi. Non è nei registri dell'UNHCR il sentirsi rivale di altri canali di ammissione umanitaria. Sarebbe un'ipotesi stravagante, non fosse che per l'asimmetria geopolitica di poteri, finanze e dimensioni operative. L'UNHCR ha una grande e prestigiosa storia di settant'anni, un budget vicino ai 9 miliardi di dollari, uno staff di 17.000 persone, rapporti politici con quasi tutti i paesi del mondo, un bacino di oltre 100 milioni di persone in fuga di cui farsi carico[166]. I suoi funzionari sono

[166] Precisamente 102.575.070 secondo il *Global Appeal 2022* dell'UNHCR.

presenti in tanti paesi in guerra o devastati da conflitti, e sovente si espongono coraggiosamente in prima persona per la loro missione.

Il modello dei corridoi prevede, in linea di principio, che la selezione dei beneficiari avvenga sulla base di un criterio prevalente, quello della vulnerabilità, ma implica che vi siano quanti più controlli possibili sull'identità e sulla vicenda personale di ciascun profugo che viene incluso. Questo avviene anche coinvolgendo l'UNHCR, i cui database consentono preziose verifiche documentali. I corridoi mirano a soccorrere persone bisognose di protezione internazionale in quanto vulnerabili, includendo beneficiari identificati come tali dai promotori dei corridoi stessi, ma nulla vieta che tali beneficiari siano anche persone sotto mandato UNHCR.

Nei singoli paesi, il livello di collaborazione tra UNHCR e promotori dei corridoi varia dalla piena fiducia e comprensione dei reciproci ruoli a situazioni in cui intendersi è meno facile. In Etiopia, nel 2017, un funzionario dell'UNHCR faticava a comprendere la specificità dei corridoi, ritenendoli un ordinario programma di *resettlement* finanziato dagli Stati anziché un programma complementare espresso dalla società civile. Intendeva quindi esaminare personalmente tutti i profughi inseriti nei corridoi per verificarne il diritto a lasciare l'Etiopia. Immaginava forse di utilizzare i corridoi umanitari al fine di movimentare le proprie liste d'attesa, per l'insufficienza dei programmi di *resettlement* offerti dagli Stati. Il malinteso era risolto grazie all'intervento dell'Alto Commissario UNHCR, Filippo Grandi, che attivava la struttura centrale dell'agenzia per chiarire ogni equivoco.

A livello centrale, a Ginevra, l'agenzia delle Nazioni Unite per i rifugiati intrattiene rapporti costruttivi con i promotori dei corridoi, cui si riconosce complementarità rispetto all'opera umanitaria in favore dei rifugiati che è missione dell'UNHCR. Nel 2019 il Premio Nansen per i Rifugiati, attribuito annualmente dall'UNHCR a individui o realtà associative distintesi per il sostegno prestato ai rifugiati nel mondo, è assegnato, per il quadrante Europa, ai corridoi umanitari[167].

Proprio nel comunicare i vincitori del Premio Nansen 2019, l'UNHCR rimarca di aver "più volte fatto appello agli Stati affinché le vie sicure, come i Corridoi Umanitari, ma anche altri strumenti quali il reinsediamento, le evacuazioni d'emergenza, i visti umanitari e per studio e il ricongiungimento familiare, vengano ampliate fornendo così alle persone in fuga un'alternativa sicura e dignitosa ai viaggi organizzati dai trafficanti"[168]. La postura di principio dell'UNHCR non è annessionista ma incoraggiante verso qualsiasi contributo possa alleviare il dramma dei rifugiati nel mondo. Nel quadro della responsabilità globale per la protezione dei rifugiati, attribuita all'UNHCR dalle Nazioni Unite, l'agenzia sostiene l'espansione del numero e della gamma di percorsi legali disponibili per i rifugiati, anche originati dalla società civile. Anche in documenti ufficiali delle Nazioni Unite, stesi di concerto con gli Stati

[167] Il 25 settembre 2019 i corridoi umanitari hanno ricevuto dall'UNHCR il Premio Nansen per i rifugiati come vincitori regionali per l'Europa, nel corso di una cerimonia presso la residenza dell'Ambasciatore norvegese a Roma. Questa la motivazione: "Sono stati premiati per aver assicurato a migliaia di rifugiati e persone con esigenze specifiche un canale sicuro per ricevere protezione e la possibilità di ricostruirsi un futuro migliore in Italia e in altri paesi europei, fornendo così alle persone in fuga un'alternativa sicura e dignitosa ai viaggi organizzati dai trafficanti" (Comunicato stampa UNHCR, Roma, 18 settembre 2019). Cfr. https://www.unhcr.org/it/notizie-storie/comunicati-stampa/corridoi-umanitari-ricevono-il-premio-nansen-2019-per-leuropa-durante-una-cerimonia-a-roma/.

[168] *I Corridoi Umanitari vincitore regionale per l'Europa del Premio Nansen per i Rifugiati dell'UNHCR*, 18 settembre 2019, https://www.unhcr.org/it/notizie-storie/notizie/i-corridoi-umanitari-vincitore-regionale-per-leuropa-del-premio-nansen-per-i-rifugiati-dellunhcr/.

membri, l'UNHCR ha sostenuto l'utilità di percorsi legali complementari di *private sponsorship* a fianco e al di là dei tradizionali programmi di *resettlement*[169].

Filippo Grandi, direttore dell'UNHCR, ha più volte discusso con i responsabili dei corridoi la maniera di ottimizzare le sinergie dei principali schemi di ammissione umanitaria di profughi nei paesi europei, distinti in *resettlement*, corridoi umanitari, evacuazioni d'urgenza e altro. La questione è tutt'altro che teorica. Il bisogno umanitario è enorme, l'UNHCR non riceve le sperate disponibilità dai paesi prosperi, e ogni canale di salvezza per genti in fuga è benvenuto da chi ha cuore per la loro sorte. Osserva Carlotta Sami, portavoce dell'UNHCR per l'Italia, sui condizionamenti posti dagli Stati:

> "Molte volte abbiamo le mani legate. Dobbiamo far fronte alla frustrazione di non poter aiutare tutti e di non poterlo fare nei tempi che auspicheremmo. Ci scopriamo nella situazione di dover sottostare alle regole degli oppressori pur di

[169] Cfr. United Nations, *New York Declaration for Refugees and Migrants*. La Dichiarazione, adottata dall'Assemblea Generale il 19 settembre 2016, in https://www.unhcr.org/new-york-declaration-for-refugees-and-migrants.html. Si veda inoltre il *Global compact on refugees* fatto proprio dall'Assemblea Generale delle Nazioni Unite il 17 dicembre 2018, https://www.unhcr.org/gcr/GCR_English.pdf. Qui, al paragrafo 95, si legge: "La strategia triennale sui *resettlement* includerà anche percorsi complementari di ammissione, in vista di un significativo incremento della loro disponibilità e prevedibilità. Si cercheranno contributi dagli Stati, con il supporto di rilevanti stakeholders, per facilitare procedure efficaci e percorsi ben definiti per ricongiungimenti familiari, o per stabilire programmi di sponsorship privati o comunitari, addizionali ai regolari *resettlement*, inclusi programmi su base collettiva promossi attraverso la Global Refugee Sponsorship Initiative. Altri contributi in termini di percorsi complementari potrebbero includere visti umanitari, corridoi umanitari e altri programmi di ammissione umanitaria...". Si veda anche E. Collett, P. Clewett, S. Fratzke, *No Way Out? Making Additional Migration Channels Work for Refugees*, Migration Policy Institute Europe, Bruxelles, March 2016, https://ec.europa.eu/migrant-integration/library-document/no-way-out-making-additional-migration-channels-work-refugees_en. Questo studio, redatto su richiesta dell'UNHCR, si apre con la seguente affermazione: "Le tre soluzioni di sistema al *displacement* tradizionalmente sostenute dalle Nazioni Unite – rimpatrio, reinsediamento, integrazione locale – si sono dimostrate sfuggenti per la maggior parte della popolazione costituita dai rifugiati" (p. 3).

riuscire ad aiutare gli oppressi. Fino a quando ciò può essere tollerabile? Sono scelte estremamente complicate le cui conseguenze ricadono sempre sulle spalle di individui in difficoltà. Dobbiamo agire con senso del limite e modestia, senza egocentrismo: gli umanitari non sono eroi [...] Il 2020 sarà ricordato come l'anno con il numero di reinsediamenti di rifugiati più basso mai registrato: a fronte di una richiesta da parte dell'UNHCR di 1,44 milioni di posti, ne sono stati concessi dagli Stati circa 34 mila, una cifra imbarazzante data la situazione globale"[170].

Se questa è la situazione, per l'ingenerosità di paesi sviluppati e l'insensibilità di paesi noncuranti dei diritti umani, ben si comprende il favore dell'UNHCR per tutte le forme di ammissioni umanitarie di persone bisognose di protezione internazionale entro Stati sicuri.

Nel dicembre 2021, UNHCR e Sant'Egidio firmano un Memorandum d'intesa per incrementare la collaborazione a favore dei rifugiati, sia a livello centrale che regionale e locale. Il documento così definisce i corridoi umanitari:

> "I Corridoi Umanitari, in quanto percorsi addizionali e complementari ai *resettlement*, possono costituire un significativo contributo per una rafforzata e condivisa responsabilità globale nella protezione dei rifugiati attraverso il coinvolgimento della società civile, e rappresentano un percorso importante nell'adempimento degli impegni presi nella Dichiarazione di New York su Rifugiati e Migranti"[171].

[170] C. Sami, *Rifugiati, Verità e falsi miti*, HarperCollins, Milano 2021, pp. 117-118 e 120.

[171] *Memorandum of Understanding between the Office of the United Nations High Commissioner for Refugees and the Community of Sant'Egidio*, a firma di Filippo Grandi e Marco Impagliazzo, dicembre 2021, in ACSE. Per la Dichiarazione di New York cfr. *supra* la n. 169.

4. *La forza della società civile*

Elemento distintivo dei corridoi è il fatto di reggersi sulla società civile. È la base sociale, con la forza dell'associazionismo, del volontariato, delle comunità civili e religiose, a rendere possibili i corridoi, quando fino a pochi anni fa regolamenti, burocrazie, politiche sembravano solo dire che nel Mediterraneo era impiantato un muro e lo si forzava a proprio rischio e pericolo. Un libro di Mario Marazziti, *Porte aperte. Viaggio nell'Italia che non ha paura*, descrive bene come la società civile, nell'accoglienza ai profughi, abbia sentimenti ed energie che superano ogni ostacolo.

Senza sostituirsi alle istituzioni, ma anche senza abdicare alla creatività, la società civile ha ideato i corridoi umanitari, non rassegnandosi alle morti in mare. Corridoi che, alla fine, non si sono poi rivelati così modesti come faceva supporre il confronto con le grandi istituzioni nazionali, continentali e globali con cui necessariamente s'interfacciavano. Lo dicono anche i numeri. Limitatamente all'Italia, stando ai dati presentati dal ministro dell'Interno, dal 2015 al 2022 sono stati accolti 2.572 rifugiati nel quadro degli schemi europei di *resettlement* in sinergia con l'UNHCR; dai centri detentivi libici sono state trasferite 1.199 persone in pericolo; con i corridoi umanitari sono state accolte 4.234 persone bisognose di protezione.

La forza della società civile ha consentito di realizzare i corridoi umanitari, determinandoli come un programma di sponsorship, di volontariato, di gratuità, eppure collaborativo con i governi soprattutto per i controlli di sicurezza e la predisposizione della protezione legale. Ogni singolo corridoio scaturisce dalla disponibilità della società civile ma si concretizza mediante negoziati con gli Stati, sia del paese di transito sia del paese di approdo dei profughi. Benché applicato finora soprattutto in Italia, il modello è valido per l'Europa tutta, come dimostrano i corridoi realizzati da Francia, Belgio, Andorra, San Marino. Ciò che alcuni Stati faticano a comprendere è il ruolo della società civile, esercitato per l'appunto come sponsorship. Ma proprio questo aspetto rende largamente replicabile il modello dei corridoi.

Infatti i corridoi sono un programma di sponsorship. La scelta dei beneficiari guarda al *matching* tra chi accoglie e chi viene aiutato, tra i territori che ospitano e chi viene ospitato con le sue caratteristiche, competenze, debolezze, capacità. I corridoi corrispondono a dei progetti di accoglienza, incrociano disponibilità, che siano di cittadini, di gruppi e comunità strutturate, di aziende e imprese. Sponsorship può significare anche offerta di ospitalità e assistenza all'integrazione da parte di familiari e parenti dei beneficiari.

I ricongiungimenti familiari sono, per se stessi, una forma di sponsorship. Gli Stati europei, sulla scorta della legislazione europea, li concepiscono generalmente in maniera ristretta: coniuge e figli minori. Ma poniamo il caso di un rifugiato in un campo profughi di un paese terzo, che ha membri della famiglia allargata in un paese sicuro, e questi siano regolarmente riconosciuti nel soggiorno e sistemati economicamente. Non sarebbe per lui preferibile profittare di una loro sponsorship anziché rischiare la vita sulle rotte dei trafficanti o languire per anni in attesa di un reinsediamento legale? Ne gioverebbe anche il processo d'integrazione nella nuova società.

Una vicenda tra le tante dei corridoi, quella del giovane somalo Abdi. Lo segnala uno zio di Mantova con la cittadinanza italiana, perfettamente integrato, che con accento lombardo racconta del nipote appena maggiorenne ai promotori dei corridoi. Abdi, il cui padre è morto a seguito di un'aggressione degli islamisti di al-Shabaab, da anni fa avanti e indietro con il Kenya, dove si nasconde, per non essere affiliato a forza nei gruppi armati islamici che spadroneggiano nella sua regione somala. In base alle indicazioni dello zio, gli organizzatori del corridoio umanitario dall'Etiopia, lo contattano da Addis Abeba. Da questo momento, Abdi proverà più volte a entrare in Etiopia come rifugiato, sperando nel corridoio per l'Italia. Sempre le guardie di frontiera lo respingono. Abdi ha delle disabilità, lotta in solitudine, e rischia parecchio perché gli etiopici, al vederlo attraversare il confine tante volte, lo scambiano per un trafficante. Lui però è tenace. Dopo un anno di vani tentativi riesce finalmente a entrare in Etiopia e a farsi registrare come rifugiato nel campo di Hilaweyn. Nel gennaio 2019 gli è consentito recarsi ad Addis Abeba. Difficile comprendere come abbia potuto riuscire nel suo intento. Si spiega male, balbetta, lo si direbbe un contadino analfabeta, senza risorse sociali e culturali. Per evidente vulnerabilità viene incluso nei corridoi. Arriva a Mantova, dove lo zio garantisce un alloggio. Il percorso d'integrazione è straordinariamente veloce. I parenti lo accolgono con entusiasmo, lo introducono alla vita italiana, lo coinvolgono nel loro tessuto sociale. Ottiene l'asilo. Si adatta alla vita e alla cultura italiana. Nel 2020, a meno di un anno dall'arrivo, malgrado l'imperversare del Covid, ottiene un lavoro a tempo indeterminato in un'azienda agricola, felice di lavorare in campagna.

Come raccontato in precedenti capitoli, l'idea dei corridoi umanitari ha origini lontane, e si è evocata in particolare l'esperienza di ricerca di sponsor privati, in paesi del Nord America, per i rifugiati iracheni che Sant'Egidio tentava di aiutare a fine anni Ottanta. Le sponsorship non sono opera di Stati e istituzioni ma di società civili. A differenza che oltreoceano, in Europa non hanno avuto grande fortuna, fatta eccezione per il mercato del lavoro, con flussi chiesti dalle imprese e concessi dagli Stati il cui intento era soddisfare esigenze tecniche contingenti, supponendo a torto che i lavoratori ospiti rimpatriassero una volta completato il ciclo lavorativo pianificato.

Sebbene la tradizione politica europea sia fortemente statalista, nulla vieta che i corridoi siano l'avvio di una consuetudine di *private sponsorship* per profughi, rifugiati, persone vulnerabili provenienti da aree di crisi. Si tratta di fatto di adozioni temporanee, esercitate da singole persone, associazioni, comunità, previa garanzia di serietà e responsabilità, anche sul piano giuridico ed economico.

In realtà, gli Stati europei già utilizzano occasionalmente risorse della società civile per integrare profughi e migranti dopo che sono giunti attraverso *resettlement* o evacuazioni d'urgenza. I sistemi pubblici di accoglienza e inclusione hanno capienze limitate e, se necessario, si ricorre al terzo settore, a imprese private, a strutture confessionali. Con alterni risultati. Molto dipende dallo spirito con cui si lavora, e da dove ci si colloca tra non profit e lucro?[172]

Le sponsorship propugnate dai corridoi umanitari sono differenti anzitutto perché gratuite, su base volontaria. Lungamente preparate, vengono considerate attive già nel periodo antecedente le partenze e si giovano della scelta previa dei beneficiari. Ad esse fanno riferimento le citate raccomandazioni della Commissione Europea del 23 settembre 2020, sia in generale, col chiedere di

[172] In Italia, nel passato, questo sistema di appalti al privato è stato oggetto di indagini giudiziarie, come è noto.

"promuovere programmi di sponsorizzazione comunitaria per coinvolgere maggiormente i singoli, la società civile e le ONG nell'accoglienza e nell'integrazione delle persone bisognose di protezione internazionale",

sia in particolare:

"Con questo modello [dei corridoi] gli sponsor privati sono coinvolti in tutte le fasi del processo di ammissione, dall'individuazione di coloro che necessitano di protezione internazionale al loro trasferimento allo Stato membro interessato. Essi si fanno carico anche degli sforzi di accoglienza e di integrazione e ne sostengono i relativi costi"[173].

In ogni caso, le sponsorship non devono deresponsabilizzare gli Stati dai loro compiti di ospitalità e protezione. Sono risorse aggiuntive, non sostitutive di quelle messe in campo dagli Stati. Sono le autorità governative che rilasciano visti regolari e creano percorsi legali, sono le società civili che ospitano e integrano. L'esperienza canadese di sponsorship è quella più riuscita e più nota. In poco più di quarant'anni, il programma di *Private Sponsorship of Refugees* ha introdotto e radicato in Canada oltre 300.000 beneficiari[174]. Nel paese nordamericano, società civile e governo collaborano con oneri diversi nella regolarizzazione dello

[173] *Raccomandazione della Commissione del 23.9.2020 relativa ai percorsi legali di protezione nell'UE: promuovere il reinsediamento, l'ammissione umanitaria e altri percorsi complementari*, cit.

[174] Per un inquadramento del sistema canadese di *private sponsorship* cfr. https://www.canada.ca/en/immigration-refugees-citizenship/services/refugees/help-outside-canada/private-sponsorship-program.html. Per gli sviluppi recenti si vedano anche Immigration, Refugees and Citizenship Canada, *Evaluation of the Resettlement Programs (GAR, PSR, BVOR and RAP)*, July 7, 2016, https://www.canada.ca/en/immigration-refugees-citizenship/corporate/reports-statistics/evaluations/resettlement-programs.html, e J. Hyndman, W. Payne, S. Jimenez, *Private refugee sponsorship in Canada*, "Forced Migration Review", 54, 2017, pp. 56-59.

status dei beneficiari, nell'accoglienza e nell'integrazione sociale, secondo modalità peculiari forse non riproducibili alla lettera in Europa, ma esemplificative di possibili sinergie tra pubblico e privato.

Non si può concludere senza menzionare un importante effetto collaterale dei corridoi: la speranza. Da ogni parte, ai loro promotori giungono appelli, richieste, suppliche che esprimono grandi aspettative. Non appena è partito il primo corridoio dal Libano, nel 2016, la notizia si è diffusa nei campi profughi di Africa e Medio Oriente. Disperazione e speranza stanno insieme. Per disperazione ci si rivolge ai trafficanti, per speranza si rischia la vita in mare. Difficile scindere i due sentimenti. Solo chi vede da vicino la morte spera veramente nella resurrezione.

Ogni anno, in varie città europee, la Comunità di Sant'Egidio organizza veglie ecumeniche di preghiera per fare memoria dei tanti morti lungo le rotte migratorie, specie quelle mediterranee, le più pericolose. Vi partecipano le genti più diverse per origini, fedi, lingue. Si ricordano i nomi degli ultimi che non ce l'hanno fatta e delle vittime più rappresentative. Il titolo di queste rimembranze collettive è "Morire di speranza". Dei presenti, pochi sono sfuggiti all'esperienza di guerre, fame, traversate di deserti e di mari. E tanti hanno avuto amici e familiari scomparsi tra le onde, oppure uccisi dai trafficanti. Spesso, con loro, s'è lavorato per ricostruire le identità di quei morti dei quali, nelle veglie, si ricorda il nome, associato a una candela accesa.

"Morire di speranza": i corridoi umanitari sono nati perché la speranza fosse liberata dalla morte.

INDICE

Stampa: Elcograf SpA